Chopin besucht Vivaldi und
in der Bucht von Venedig schwimmen Delfine

Barbara Pachl-Eberhart

Chopin besucht Vivaldi und in der Bucht von Venedig schwimmen Delfine

Mein Tanz mit dem kleinsten Feind der Welt

Ein Corona-Tagebuch

Copyright © 2020 by Terzium Verlag, Allschwil (Schweiz)

Umschlaggestaltung, Satz und Innengestaltung:
Guter Punkt, München
Umschlagmotive:
© Ksenia Zvezdina / gettyimages und © fona2 / gettyimages
Motive innen:
Schmetterlinge an Kapitelanfängen: © Usis / gettyimages
S. 5 und 160: © Gyzele / gettyimages
S. 17: © Panacea_Doll / gettyimages
S. 6, 18, 62 und 147: © fona2 / gettyimages
S. 37: © euro_ace / gettyimages
S. 41 und 55: © Serhii Mudrevskyi / istock
S. 50: © shelma1 / istock
S. 62: © ChrisGorgio / istock
S. 73: © arvitalya / istock
S. 95: © puruan / gettyimages
S. 104: © moschiorini / AdobeStock
S. 110: © CSA-Archive / istock
S. 118: © bubaone / istock
S. 124: © namosh / AdobeStock
S. 131: © Susl0 / istock
S. 137: © alexcoolok / istock
S. 142: © Ninell_Art / gettyimages

Druck und Bindung: GGP Media GmbH, Pößneck
ISBN 978-3-906294-17-9
Alle Rechte vorbehalten
www.terzium.ch

Inhalt

Prolog	7
Lockdown	18
Epilog	148
Über die Autorin	158

Prolog

»Tschüs, mein Schatz.« Meine Mutter küsst meine Tochter. Dann seufzt sie und setzt, so leise, dass nur ich es hören kann, mit dunkler Stimme noch etwas hinzu. »Wer weiß, wann wir uns wiedersehen.«

Noch eine Umarmung, Kinderärmchen um den Hals. Mama bemerkt nicht, dass ich die Augen verdrehe. Ich mache es heimlich, sage lieber nichts. Der Geburtstagsfrieden ist mir zu wichtig. Aber ich denke: Warum muss sie so übertreiben? Wozu dieser Pessimismus? »Wird schon nichts sein«, sage ich. »Wir sehen uns am Montag, stimmt's?« Federnd gehe ich mit meiner Tochter am Arm ins Stiegenhaus, um den Großeltern, entschieden fröhlich, zum Abschied zu winken.

Es ist Donnerstag, der 12. März 2020. Meine Tochter Erika hat Geburtstag, sie wird heute drei. Am Vormittag, im Kindergarten, gab es Kuchen und Lieder. Danach, auf einem Spaziergang mit mir, eine Kugel Himbeereis, weil zum ersten Mal in diesem Jahr so richtig die Sonne schien und ich in Gönnerlaune war. Um vier ist unser Fest daheim: Erika, Omi, Opi, mein Mann, Erikas Taufpatin Elisabeth und ich versammeln uns um den Wohnzimmertisch. Es gibt Torte und jede Menge Päckchen: Sommerkleider, einen Dinosaurier wie den aus »Peppa Wutz«, ein sehr dickes Liederbuch und zwei Bilderbücher mit Soundeffekten, in denen man etwas über Komponisten erfährt. Das Liederbuch liegt offen auf dem Tisch, wir singen mehrstimmig. »Es klappert die Mühle am rauschenden Bach«. »Bruder Jakob«. »Happy birthday, liebe Erika, happy birthday to you«.

Eine Männerstimme fehlt: Christian, der Mann der Taufpatin und einer von Erikas liebsten erwachsenen Sing- und Spielgefährten, ist nicht gekommen. Er ist verkühlt und lässt ausrichten, dass er, gerade jetzt, niemanden gefährden will.

Während des Feierns sind alle Fenster geöffnet. Und wir achten akribisch darauf, dass niemand die Gabel eines anderen benutzt. Sicherheitshalber holen wir immer wieder eine neue, wenn etwas unklar ist.

Ja, wir wissen von Corona. Und wir wissen, dass es uns etwas anzugehen beginnt. Wir wissen, dass dieses Virus nicht mehr nur in China, auch nicht mehr nur in Italien und Spanien hockt. Seit drei Tagen beschäftigt sich die Presse mit Covid-Fällen in Österreich. Genauer: in Tirol. Gefühlt kommt das Virus näher. Gefühlt ist das Virus trotzdem noch weit weg. Was mein Gefühl angeht, so übertreiben alle, die behaupten, dass es schon bald zu Ausgangsbeschränkungen kommen könnte.

Ich bin grundsätzlich eine, die schlechte Nachrichten gerne ignoriert, so lange es geht. Wenn der Großteil der Nachrichten aus Gerüchten besteht, die mir einfach zu krass vorkommen, ignoriere ich noch konsequenter. Es gibt da einen Witz, den ich liebe: Ein Physiker, ein Chemiker und ein Informatiker fahren mit dem Auto. Plötzlich bleibt es stehen und springt nicht mehr an. Der Physiker sagt: »Bestimmt ist der Motor kaputt, ich höre schon die ganze Zeit Fehlzündungen.« Der Chemiker widerspricht:

»Nein, es muss am Benzin liegen, das wir getankt haben. Wahrscheinlich war es verunreinigt.« Da sagt der Informatiker: »Ich habe keine Ahnung, was los ist. Aber ich schlage vor, dass wir alle Fenster schließen und einmal aus- und wieder einsteigen. Dann ist sicher wieder alles ok.«

So tun, als wäre nichts und vom Besten ausgehen: Was mich und mein Leben angeht, klappt diese Strategie fast immer. Nicht nur bei Computerproblemen, sondern auch, wenn ich meine Geldbörse verlegt habe, wenn ich mich auf der Reise zu einem Seminar frage, ob ich den Herd abgedreht habe, wenn die Stirn meiner Tochter etwas heißer ist als normal oder wenn Google Maps eine Stauwarnung ausgibt. Der Stau wird sich auflösen, bis ich dort bin. Die Herdangst ist nur ein Hirngespinst. Und Fieber hat man, wenn der Arm heiß ist und nicht nur die Stirn. Meistens behält mein Optimismus recht.

Im März 2020 blickte ich einem ereignis- und arbeitsreichen Frühling entgegen. Ich freute mich auf Vorträge, die ich halten, Konzerte, die ich besuchen und Reisen, die ich erleben würde. Entgegen meiner sonstigen Gewohnheit hatte ich die Babysitter-Termine ausnahmsweise schon bis Ende Juni durchgeplant. Ich wollte uns allen einen verlässlichen Rahmen geben. Ich war sehr zufrieden mit der Aussicht auf Arbeit, Vergnügen und Freizeit mit der Familie – alles in jenem Maß, das sich für mich optimal anfühlt. Finanziell ging es mir gut, jedenfalls hatte ich keine Sorgen. Mein Konto war recht leer, denn Ende des vergangenen Jahres hatte mein Auto den

Geist aufgegeben und ich hatte mir ein neues – bewusst ein neues, sogar ein teures – Auto geleistet. Aber die gut bezahlten Jobs im März, April und Mai würden meine Reserven wieder so weit auffüllen, dass ich sorglos in den Sommer blicken könnte.

Dass ich schon einen Tag nach Erikas Geburtstag im Supermarkt stehen und darüber nachdenken würde, ob ich von den letzten drei Dosen geschälte Tomaten, die noch da waren, eine für jemand anderen im Regal lassen oder mir doch alle drei schnappen sollte, dass ich am selben Tag vier Mails erhalten würde, in denen alle meine Vorträge für die kommenden Wochen abgesagt wurden, dass Erika Glück mit ihrem Fest im Kindergarten gehabt haben würde, weil es der vorletzte Tag vor der Schließung war, das alles hatte ich mir, während wir Eis schleckten, während wir »Bruder Jakob« sangen und auch während ich die Abschiedsworte meiner Mutter in mir nachklingen ließ, nicht vorstellen können.

Und falls doch? Ja, irgendwo in mir flüsterte diese Stimme seit ein, zwei Tagen. Ich beschwichtigte sie. Immerhin kannte ich mich mit Krisen und plötzlichen Veränderungen aus. Meine Vorträge handelten doch genau davon: Wie man mit Krisen umgeht. Was man gerade in schwierigen Zeiten über sich selbst und das Leben lernen kann. Und dass die Stunde null nicht ganz so schwarz, nicht ganz so schrecklich ist, wie es von außen scheint oder wie man sie sich vorgestellt hätte. Sie ist ganz anders. So anders, dass man kaum anders kann, als ihr zu vertrauen.

Die Stunde null von Corona. Meine Stunde null: Wann schlug sie genau?

Noch nicht, als ich nach dem Abschied von Omi, Opi und Elisabeth den Maileingang öffnete und die Nachricht des Kindergartens vorfand, in der man empfahl, die Kinder ab Montag erst einmal zu Hause zu lassen, jedoch einen Notbetrieb anbot und der Hoffnung Ausdruck verlieh, dass bald alles wieder regulär laufen würde. Sie schlug auch nicht, als ich die eine SMS von einem sehr vernetzten und gut informierten Freund bekam. »Wir haben aus einer verlässlichen Quelle mit Draht zum Innenministerium erfahren, dass Wien am Wochenende dichtgemacht wird.« Ich dachte nur: Quatsch. Und sagte zu meinem Mann: »Lass uns trotzdem morgen ein paar Dinge einkaufen.«

War es das »Poff« des zuschlagenden Kofferraumdeckels, das die entscheidende Stunde einläutete? Oder das Drehen des Schlüssels, als wir Samstagmittag die Tür zu unserem Landhaus aufsperrten, in dem wir, mein Mann, unsere Tochter und ich, erst einmal bleiben wollten, bis die Regierung alle Unklarheiten beseitigt hatte?

Wann hat Corona für mich begonnen? Wann begriff ich, dass das Seufzen meiner Mutter berechtigt gewesen war? Wann ließ ich zum ersten Mal die Tatsache an mich heran, dass das alles kein Spiel, keine kurze Ausnahme, kein verlängertes Wochenende, sondern eine neue Lebensphase von unbekannter Dauer und mit nachhaltiger Wirkung war?

Die ehrliche Antwort lautet: Ich kann es nicht sagen. Ich weiß nicht, wann. Ich weiß nicht einmal, ob ich überhaupt irgendwann begriffen habe, dass es um etwas anderes als um Durchtauchen geht. Ich kann mich nicht erinnern, dass irgendetwas sackte. Dass irgendetwas in mir schluckte. Dass irgendein Satz in den Abendnachrichten der eine war, der mich etwas kapieren ließ, das ich bisher verdrängt oder geleugnet hatte.

Bis heute lebe ich in diesem eigenartigen Zustand zwischen Durchhalten, Bangen, Hoffen, Kopfschütteln, Stirnrunzeln, Nachdenken, Hinschauen, Wegschauen und Staunen. Bis heute habe ich keine Ahnung, ob »das alles« bald vorbei ist oder überhaupt erst begonnen hat. Ja, ich wage nicht einmal darüber zu spekulieren, was »das alles« eigentlich ist.

Trotzdem gibt es ein paar Dinge, die ich weiß und über die ich klar Auskunft geben kann. Zum Beispiel weiß ich noch, wann ich zum ersten Mal in der Coronazeit weinte. Ich weiß, dass es innerhalb von fünf Wochen so warm sein kann, dass man nur kurze Ärmel braucht und so kalt, dass es schneit. Ich weiß jetzt, wie man einen Einkaufsplan für zwei Wochen erstellt. Und wie man einem Kind Grenzen setzt, wenn man einfach nicht mehr kann.

Ich weiß das, weil ich es erlebt habe. Und ich werde es nicht vergessen, weil es mein Tagebuch gibt. Sie halten es in Händen.

Eine Woche nach Erikas Geburtstag habe ich zu schreiben begonnen. Es war schon wieder an einem Geburtstag, an dem meiner Mutter. Wie schon einmal in meinem Leben griff ich zu Papier und Stift, um der Angst vor dem Verstummen etwas entgegenzuhalten und um wenigstens irgendetwas zu tun.

Gegen Corona, gegen die Maßnahmen, gegen die unfreiwillige, unerwünschte Lebensveränderung konnte ich nichts machen. Das Einzige, was ich tun konnte, um nicht im Gefühl der Ohnmacht zu versinken, war: zu schreiben.

Ich nahm mir nicht viel vor. Nur kleine Häppchen wollte ich notieren, wann immer mir danach war. »Drabbles«, so nennt man Geschichten, die aus genau 100 Wörtern bestehen. Diese Form war mein Gerüst, an das ich mich anfangs akribisch und sportlich hielt, das ich aber bald nur noch als Richtwert benutzte.

Ich schrieb, um mich meiner selbst zu vergewissern. Ich schrieb, um später, irgendwann einmal, über all das Absurde, das Anstrengende, das Verrückte, in dem ich mich wähnte, lachen zu können. Ich schrieb, um meiner Tochter für später ein Zeugnis aus diesen vielleicht prägendsten Wochen ihrer frühen Kindheit zu hinterlassen. Ich schrieb nicht zuletzt, um mich nicht so allein zu fühlen: Schon am zweiten Tag meines Schreibens beschloss ich, meine Kurztexte in Form eines Blogs mit meinen Facebook-Freunden zu teilen. Die Resonanz war überwältigend und schenkte mir Kraft. Weitermachen, das schaffte ich an manchen Tagen nur, weil es bedeutete: weiterschreiben zu können.

Wer ich war, als Corona über mich und uns alle hereinbrach, davon habe ich Ihnen schon ein paar Dinge erzählt. Hier noch ein paar konkretere Details, damit Sie wissen, in welchem Zustand ich meine ersten Einträge schrieb: In der Woche vor dem 12. März hatte ich mich nicht besonders gut gefühlt. Eine Lesung am 3. März hatte ich zwei Mal wegen eines Hustenanfalls unterbrechen müssen. Den Vormittag des 5. März verbrachte ich im Bett, so lange, bis das Grippemittel wirkte und ich mich ins Auto setzen konnte, um zu einem Vortrag in der Steiermark zu fahren. »Wird schon kein Corona sein«, scherzte ich mit der Veranstalterin, »und auf der Bühne bin ich eh weit weg von allen.« Wir gaben uns zur Sicherheit lieber nicht die Hand. Bücher signierte ich nach der Veranstaltung trotzdem.

Heute, ein halbes Jahr später, kommt mir das alles ganz schön verantwortungslos vor. Aber »damals«, vor Corona, habe ich es als Ehrensache betrachtet, trotz Erkältung zur Arbeit zu erscheinen.

Am folgenden Wochenende ging es mir besser, ich hatte kein Fieber bekommen, nur meine Stimme war angekratzt. Ich hielt ein Theorieseminar über die Techniken des literarisch-biographischen Schreibens. Am Samstag lief alles wunderbar, am Sonntag wachte ich ohne Stimme auf. Kurzerhand erfand ich eine neue Unterrichtsmethode: Ich tippte alles, was ich sagen wollte, in Echtzeit in meinen PC, ein Beamer projizierte alles an die Wand. Eine Teilnehmerin kam zu spät und fand erst zu Mittag, als sie mir wegen dieser tollen, konzentrationsfördernden Methode gratulieren wollte, heraus, dass ich tatsächlich nicht sprechen konnte.

An den folgenden Tagen versuchte ich, mich zu schonen. Das gelang auch ganz gut. Ich rechnete damit, dass sich der nervige Husten bald geben würde. Ich war etwas schwach, aber gut gelaunt. Dass mein Zustand etwas mit Corona zu tun haben könnte, dachte ich nicht. Warum ich bis heute nicht weiß, ob ich das Virus hatte oder nicht, erfahren Sie auf den kommenden Seiten.

Was sollten Sie noch wissen, um im Bilde zu sein? Das Haus, in das wir kurzerhand zogen, liegt auf einer Alm im Voralpenland. Es wird normalerweise als Seminar- und Ferienhaus vermietet.

Meine Tochter Erika ist, wie Sie schon wissen, drei Jahre alt. Sie liebt Musik, plaudert unentwegt, hat einen ausgeprägten Willen, schläft wenig und liebt Rollenspiele. Wir verfügen über ein gutes Netz an Babysittern, was mir normalerweise ermöglicht, meinem Beruf als Autorin, Vortragende und Seminarleiterin nachzugehen und trotzdem glückliche Mutter zu sein.

Am Sonntag, den 16. März fuhren wir aufs Land, ohne zu wissen, wie lange der »Lockdown«, der am Vormittag per Pressekonferenz verkündet worden war, dauern würde. Wir sind es nicht gewohnt, als Familie zusammengesperrt zu sein. Mein Mann und ich haben zwei Wohnungen im selben Haus, wir brauchen das für unser Freiheitsgefühl. Wir waren fest entschlossen, dieses Abenteuer miteinander zu bewältigen.

In unserem Gepäck: Alles Spielzeug, das wir haben, Kleidung für jede Wetterlage, jede Menge Grundnahrungsmittel, ein paar Bücher, mein Laptop. Und keinen Plan B.

Die ersten Tage verbrachten wir so, als ob das Ganze nur ein Wochenende auf dem Land wäre, wie wir es ungefähr einmal im Monat verbringen. Am vierten Tag begann der erste Blues. Das war der Tag, an dem ich zu schreiben begann.

Was Sie hier lesen, sind meine Tagebucheinträge aus unserer Zeit am Land, vom vierten bis zum vorletzten Tag des Lockdowns. Es sind Momentaufnahmen, die von äußeren Ereignissen handeln, von lustigen und traurigen Begebenheiten, von Sorgen und Glück. Was sich als roter Faden durch das Text-Mosaik zieht, ist mein Versuch, mich selbst zu erkunden und zu erkennen, was tragfähige Säulen meines Lebens sind, die mich auch in der Krise stützen.

Dreieinhalb Wochen. Vierundzwanzig Tage. Mehr war es nicht. Heute, im Rückblick, fühlt es sich so an, als hätten wir viele Monate am Land verbracht. Unglaublich, was man in dreieinhalb Wochen, in denen der Alltag und nichts anderes die Hauptrolle spielt, alles erleben kann.

Lockdown

Donnerstag, 19.3.

8:30

Heute feiert meine Mutter ihren 79. Geburtstag. Feiert? Nein: Feiern können wir ihn eben nicht. Warum? Weil seit vier Tagen Ausgangsbeschränkungen herrschen. Meine Tochter singt »Happy birthday, liebe Omi« durchs Telefon. Nicht nur die Omi weint. Mein Mann reicht mir ein Taschentuch. Erika versteht nicht, warum sie nicht zur Omi darf, nicht jetzt, nicht morgen, nicht nächste Woche. »Du bist blöd«, sagt sie zu mir.

8:40

Was ist jetzt wichtig? Die Zeit mit meiner Tochter, klar. Ich merke aber, dass ich nur dann für sie da sein kann, wenn ich auch für mich sorge. Zeit dafür ist Mangelware. Nach drei Tagen Stress und Depression beginne ich heute, am 19. März, zu schreiben. Ich schreibe Kurztexte. »Drabbles«, das sind Texte mit genau (na gut: in meinem Fall ungefähr) 100 Wörtern. So viel geht gerade zwischendurch, so viel muss gehen. Ich will Momentaufnahmen schreiben, ich schreibe mich durch Hoch und Tief, durch Dick und Dünn. Irgendwann werde ich das alles lesen und mir sagen: Es gab auch gute Tage. Hey, es gab sogar ganz schön viele gute Tage. Irgendwann werde ich diese Texte meiner Tochter zeigen. »Damals warst Du gerade drei Jahre alt.« Ich hoffe, dass sie antworten wird: »Das war also die Zeit, in der die Welt gesund geworden ist.« Und dass ich dazu nicken kann.

9:30

Erika spielt mit ihren Playmobilfiguren. »Ich geb den Figuren die Namen von den Kindergartenkindern.« Die Wutanfälle von heute Früh (»Ich will zur Omi. Jetzt!«, »Immer nur Mama und Papa ist soo langweilig!«, »Corona ist blöd, du bist blöd!«) sind für den Moment vergessen. Ich habe gerade Brotteig aufgestellt, er rastet im Dunkeln, heute Abend gibt es einmal Brotjause, um die Fleisch- und Gemüsevorräte im Kühlschrank nicht zu schnell zu verbrauchen. Alles im Lot, im Moment. Sogar mein Husten ist ruhig und still, das erste Mal seit sechs Tagen habe ich mehr als eine Minute Hustenpause. Dankbar für die kleine Lichtinsel.

16:30

Wovon soll mein Moment-Text jetzt handeln? Von der seligen Vormittagsstunde, in der ich mit Erika die Veilchen im Garten begrüßte, Ulrich uns »Das Veilchen« von Mozart vorsang, während er Unkraut zupfte und wir dann auf einem Baumstumpf (unserem Baumstumpf, virenfrei und nicht tabu) ein Apfelkuchen-Mandarinen-Picknick verschmausten? Oder von meinem Stress-Schub danach: »Passt du auf Erika auf, während ich koche?« »Klar.« »Mamaaaa, ich will mit dir kommen!« Fleisch im heißen Öl, Kind am Rockzipfel, Adrenalinfeuerwerk. Lieber schreibe ich über das, wofür ich dankbar bin: Ich habe es geschafft, uns nicht zu verbrühen. Mein Mann dankt mir dafür, wie gut ich uns versorge. Erika isst Brokkoli und Erbsen.

17:00

Worüber ich noch schreiben muss: über Schlaf. Vieles dreht sich bei uns gerade um ihn. Wird Erika mittags schlafen? Dann wird es ein guter Tag ohne Nachmittagsdramen. Heute ist ein guter Tag. Sogar ein besonders guter, ich konnte nicht nur mitruhen, sondern sogar aufstehen und schreiben, während sie noch weiterschlief. Auf vielen Mama-Kind-Seiten lese ich derzeit von Müttern, die Nachtschichten einlegen, um ihre Arbeit zu machen. Das macht mir Angst. Ich schaffe keine Nachtschicht, keinen einzigen Tag. Wenn die Fähigkeit zur Nachtarbeit sich als das wirtschaftliche Überlebenskriterium während und nach Corona entpuppt, kann ich mich gleich bei der Armenküche anmelden.

# Freitag, 20.3.

6:00

Normalerweise würde ich jetzt zum Arzt gehen. Ich bin seit siebzehn Tagen krank. Kein Fieber, aber eine Bronchitis, die mich die Redewendung »sich die Seele aus dem Leib husten« physisch begreifen lässt. Seit gestern rinnt auch noch meine Nase und die Augen tränen so, dass ich kaum ein Pixi-Buch fertiglesen kann. Normalerweise würde ich mich zwei Tage lang ins Bett legen. Und eben meinen Hausarzt bitten, mich abzuhorchen und die Symptome zu lindern. Aber heute mit Husten in eine Arztpraxis? Ich trau mich nicht. Und mag niemanden in Angst versetzen. Kein alter Mensch, keine Sprechstundenhilfe soll sich vor mir erschrecken.

8:30

»Ich geh jetzt duschen.«
»Ich komm mit!!«
»Erika, du bleibst doch immer beim Papi, wenn ich dusche.«
»Ich komm aber mit!!!«
»Ok, komm.«
Die Dusche am Morgen ist mir heilig. Das ist meine Viertelstunde, in der die Tür zu ist, in der ich ganz für

mich sein kann und gezielt jede Faser entspanne. Ich brauche diese Viertelstunde allein, ohne sie geht wirklich gar nichts. So dachte ich bis heute. Heute nehme ich Erika mit ins Bad. Warum? Weil dieses »Ich brauche unbedingt ...«, dieses »Ich kann nicht ohne ...« gerade an allen Ecken abbröckelt. Wundersam: Ich habe die Entspannung trotzdem gefunden.

13:00

Als ich vor drei Tagen meinen ersten leisen Hilferuf in einer Facebook-Gruppe gepostet habe (»Wer hat noch ein Rockzipfelkind daheim? Wer möchte noch heulen, wenn er Corona-Tipps wie ›Lesen Sie gute Bücher, machen Sie Yoga‹ liest?«), da habe ich nicht nur Zuspruch, sondern auch viele gute Tipps bekommen. *Gute Tipps*, das hätte ich vorgestern noch mit Anführungszeichen geschrieben. Ich konnte nicht glauben, dass es sich einpendeln wird. Dass auch mein Kind einmal nach 30 Minuten Mamazeit gerne mal alleine spielen wird. Dass Pläne helfen. Heute ist es so weit: Kind spielt – seit zwei Stunden! Guter Rat verdient mitunter eine zweite Chance.

13:20

Eben hat mich auf Facebook eine Nachricht erreicht. Eine Frau, die angeblich mit Seelen in Kontakt treten kann, hat mir eine Botschaft meiner beiden Kinder im Himmel übermittelt: »Liebe Mama, bleib ganz ruhig ruhig ruhig, mach dir keine Sorgen, bleib ruhig ruhig ruhig, du bist umsorgt, bleib ruhig ruhig ruhig. Schau deine Hausapotheke durch, bleib ruhig ruhig ruhig, nimm, was ansteht, Hustensaft usw. Versuch, trotz Chaos in die Ruhe zu kommen, bleib ruhig ruhig ruhig, du bist umsorgt, schreib dir von deiner Seele, deine Jetztkinder sind pures Leben, wir freuen uns, dass sie dich wachrütteln, obwohl es im Moment nicht zu verstehen ist, hat alles auch einen Sinn, bleib ruhig ruhig ruhig und sei glücklich, dass die Kinder dich wachrütteln, lebe lebe, lebe bewusst.« Ich weiß nicht, was ich von solchen Nachrichten halte. Aber die Worte tun mir gut.

16:00

Heute Früh habe ich geschrieben, dass ich nicht zum Arzt will, weil ich niemandem Angst zuhusten möchte. »Wegen anderen nicht zum Arzt? Entschuldige, aber das ist krank!«, hat eine Facebook-Freundin kommentiert. Natürlich finde ich nicht, dass sie (das) Recht hat (mich so abzukanzeln). Aber ich habe nachgedacht. Und fand tatsächlich etwas in mir, das »krank« (im Sinne eines Denk- und Fühlfehlers) war. Einen seltsam vorauseilenden Krisen-Gehorsam. Kranksein, krankbleiben passt zur herrschenden Gefahrenstimmung. Kann ich mich da einfach heilen lassen? Ist Leiden nicht angemessener?

Jetzt trinke ich Thymiantee. Wickle mich in Öl. Und habe begriffen: Krise ist, wo Krise ist, eh nicht zu vermeiden. Drumherum darf es mir gut, sogar richtig gut gehen.

20:00

Dankbar. Kaum ein Wort lese ich derzeit so oft wie dieses. Kaum ein Gefühl erfüllt mich – wenn ich nicht gerade wegen Rippenschmerzen stöhne – derzeit so häufig wie der Dank für Kleines und Großes. Und doch ... fühlt es sich für mich seltsam unverschämt an: dankbar zu sein. Für etwas, das mir vergönnt ist – und vielen anderen nicht! Ein Garten, gesunde Eltern, (noch) Geld am Konto. Manchmal kommt mir meine Dankbarkeit vor wie Prahlerei. Ich brauche eine andere Wendung. Diese klingt mir bescheidener: Ich schätze mich glücklich. Ich darf mich glücklich schätzen. Zum Beispiel heute, jetzt. Mein Mann schläft beim Mäderl und ich habe frei.

22:00

Es ist spät. Nachtstunde, die Schatten melden sich zu Wort. Da rührt sich dieser Tage eine Mulmigkeit in mir. So ein »Achtung«, so ein Zögern. Da sitzt ein Stachel im Fuß, ich will ihn benennen, um ihn loszuwerden. Man spricht dieser Tage viel von Solidarität. Davon, wie hilfsbereit und zugewandt alle sind. Darf ich es aussprechen?

Ich habe Angst, dass es gerade der erzwungene Abstand ist, der uns so solidarisch sein lässt. Wir helfen von hinter dem Bildschirm. Von daheim, aus der Ferne. Werden wir es schaffen, das Helfen, das Da-Sein auf die Zeit danach zu übertragen? Werden wir kommen, zupacken und die Müden entlasten? Werden wir bereit sein, die Staffel zu übernehmen von jenen, die jetzt gerade da sein und anpacken müssen, bei der Pflege, im Handel, an der Front?

Samstag, 21.3.

7:00

Als Kind habe ich diese Bildrätsel geliebt, bei denen man fünf »Fehler« finden musste, also Unterschiede zwischen einem Bild und seinem fast identen Zwilling. Heute wandle ich das Spiel ab und vergleiche den heutigen Morgen mit dem von gestern. Was ist anders? Zum Beispiel: Mein Kind schläft noch, weil es nicht vom hellen Morgenlicht geweckt wurde. Ich habe noch kein einziges Mal gehustet. Die 478 Mails, die sich in den letzten Tagen angesammelt haben, sind eingeordnet. Der Tag, der vor mir liegt, fühlt sich nicht wie eine unbezwingbare Bergetappe an, sondern wie ein Wanderweg über Stock und Stein und Gras.

10:00

Bis gestern meinte ich noch, dass die derzeit so viel gepriesene »Entschleunigung« nur den anderen gehört. Jenen, die sich jetzt Zeit nehmen können für Zeitung und ausgiebige Rituale. Was war ich neidisch auf diese entschleunigten Menschen! Wie sicher war ich, dass Entschleunigung für mich erst wieder möglich ist (und dringend nötig sein wird!), wenn die Kinderbetreuungsstätten wieder geöffnet haben. Und dann, heute Vormittag: Ich bitte Erika, mir ein Gummiringerl zu bringen. Sie holt es, steckt ihre kleinen Kinderfinger durch den Ring, fädelt die Finger hochkonzentriert wieder aus, überreicht mir den Ring schließlich wie eine Kostbarkeit. Ich schaue ihr zu, bei jeder Bewegung. Registriere ihr Mienenspiel. Freue mich ehrlich, dass sie nicht nur ein, sondern sieben Gummiringerl gebracht hat. Noch sechs Mal dasselbe Spiel. Entschleunigung muss nicht heißen, kaum etwas zu tun. Ich kann das, was ich tue, langsamer tun. Vielleicht merkt man es von außen nicht einmal, dass etwas anders ist. Aber innen, da drinnen in mir, fühlt es sich ganz anders an.

12:30

Es kann aber auch alles schnell kippen. Von acht bis zwölf war ich heute glücklich im Spiel mit meinem Kind versunken. Chopin besucht Vivaldi (derzeit Erikas Lieblingsspiel), Enrico besucht Bernadette (wer kennt »Am Dam Des«? Vermutlich nur wir Österreicher), Kindergartenfreundin Charlotte besucht Erika (sie vermisst ihre Freunde wirklich). Und dann, plötzlich, alles zugleich. Kind wird grantig, Kind will Bratkartoffeln (es sind keine gekocht). Mama ruft am Handy meines Mannes an (meines war ausgeschaltet), sie macht sich Sorgen um uns, weil wir seit einer Stunde nicht erreichbar sind. Sie erzählt etwas, das ich nicht hören kann, ich kriege nur mit: Irgendjemand hat das Virus. Wer? Ich will fragen. Das Kind will aber raus. Seit Stunden, seit dem Aufstehen. Jetzt ganz dringend. Kind haut auf mich ein. Kartoffeln am Herd, Mann mit Mama am Telefon, besorgte Stimmen. Erika und ich diskutieren, warum man heute Schal und Haube braucht. Als wir fertig zum Rausgehen sind, sagt Erika: »Da kitzelt was im Schuh.« Ich schmeiße die Nerven weg. »Das ist echt egal, Erika! Und wenn du es nicht aushältst, gehen wir jetzt eben sofort ins Bett!« Das fällt eindeutig in die Kategorie »Sätze, die ich niemals sagen würde«. Mist.

13:30

Wer nach 14 Tagen Fieber und Atemnot intubiert auf der Intensivstation liegt, ist mein (geliebter, angeheirateter) Onkel (in neuer, nicht verwandter Beziehung). Was genau passiert ist, kann ich nicht sagen, ich habe keinen Kontakt zu seiner neuen Partnerin und kann sie nicht schnell mal eben anrufen. Ich weiß nur, dass er mehrfach versucht hat, sich auf Corona testen zu lassen. Mehr nicht. Was ich allerdings erzählen kann, ist meine eigene Erfahrung mit Gesundheitsnummer 1450. Ich hatte zu meinem Husten vor ein paar Tagen Fieber und habe die Hotline angerufen. Durchgekommen bin ich schnell. Tester haben sie keinen geschickt. »Ich habe Atemnot und mein Kindermädchen hustet, war in Italien und hatte Besuch aus Schweden.« »Waren sie selbst in Italien oder Tirol?« »Nein.« »Ist jemand, den Sie kennen, positiv auf Corona getestet?« »Nein.« »Dann sind Sie kein Verdachtsfall.« »Aber es gibt doch sicher viele, die angesteckt sind und sich noch nicht haben testen lassen?« »Wir gehen nur Fällen nach, die in Risikogebieten waren oder eng mit jemandem in Kontakt waren, der positiv getestet wurde.« Ich fürchte, die Dunkelziffer ist enorm.

16:30

Es schneit. Durch die Terrassentür des Landhauses, in dem wir diese Tage und Wochen verbringen, sieht man Flocken zu Boden fallen. Erika hat heuer noch keinen Schnee gesehen, und ob sie sich an den einen Schneeausflug vor einem Jahr erinnern kann, weiß ich nicht. Sie ist nicht aufzuhalten. »Ich will raus.« Das sagt sie nicht als Befehl, nicht in quengelndem Ton, sondern ganz ruhig, als Feststellung. Mehr Gewissheit als Wunsch. Niemand, auf den noch irgendwie Verlass ist, könnte auf die Idee kommen, zu widersprechen. Wir gehen raus. Es ist kalt, nein: eiskalt. Wir haben keine Handschuhe mit. Schnell schustere ich einen Mini-Schneemann zusammen und sage dann: »Komm, wir gehen uns aufwärmen.« »Nein.« Wieder diese Ruhe. Nach zehn Minuten bin ich ein einziger Schüttelfrost. Erika hat rote Backen – und tiefrote Finger. Ulrich ist sehr besorgt, immerhin husten wir alle. Ich finde die Lösung: Eine große Plastikwanne, eine Schaufel, das Schneegestöber wird ins Vorzimmer verlegt. Dreißig Minuten Glückseligkeit, dann kommt die Wanne raus, der Schnee wird bis morgen halten.

22:00

Brief an mich von gestern Nacht. Liebe Barbara von gestern, ich will dir auf deine nächtlichen Schattengedanken antworten. Womit? Mit etwas, das dir hoffentlich Mut macht. Es hätte dir auch selber einfallen können, aber jetzt braucht es halt mich, um dich daran zu erinnern. Wie oft habe ich dich schon davon schwärmen hören, dass das Blatt Papier ein Proberaum ist, ein Ort der Sicherheit, auf dem man Dinge versuchen kann, die im echten Leben noch zu gefährlich scheinen? Wie oft hast du schon gesagt, dass man sich Dinge, die man auf Papier geprobt hat, dann auch im Leben trauen kann? Was ich dir sagen will, ist dieses: Was derzeit passiert, von Bildschirm zu Bildschirm, von Telefon zu Telefon, das ist ein herrlicher Proberaum für Beziehung, für Nähe, für

Freundschaft und Hilfe. Wir proben all diese Qualitäten, wir üben, sie zu verstärken, sie zu erweitern. Wenn die Besuchsverbote vorbei sind, werden wir genug Mut getankt haben, um wirklich anzuklopfen, hinzugehen und Aug in Aug Fragen zu stellen. Sollte es nicht von selbst gehen, dann wird uns die Sehnsucht dabei helfen. Denn die Glücksgefühle der Verbundenheit, die werden wir nicht so schnell vergessen. Die Bildschirme werden abgedreht. Der Weg zum Du bleibt ein Weg, der uns gefällt.

22:30

Vertrag mit mir selbst.

§1 Wenn Corona vorbei ist und das mit der Geld- und Überlebensangst sich irgendwie geregelt hat, dann werde ich mir drei Wochen freinehmen, um das zu tun, was jene tun, die ich jetzt beneide: ausmisten. Yoga machen. Joggen gehen. Sonne tanken. Mit Amerika und Helgoland skypen. Smoothies trinken. Klavier üben. Lang duschen. Lieblingsbücher lesen.

§2 Sollte mir trotz all dieser herrlichen Dinge langweilig werden, werde ich jene kontaktieren, die ich jetzt beneide, und sie um Tipps bitten.

§3 Ich werde mir keine Vorwürfe machen, warum ich das alles nicht längst getan habe, obwohl doch Geld genug da war.

§4 Ich werde mich aber daran erinnern, dass ich es längst hätte tun können, wenn der Neid sich wieder meldet.

Sonntag, 22.3.

21:30

Nach hochfiebriger Nacht und Ausnahmezustand über weite Teile des Tages geht heute nur ein Tagesprotokoll. 6:00 Versuch, auf die Toilette zu gehen, auf halbem Weg abgebrochen. Schwindel, Atemnot. Zum ersten Mal echte Angst. 8:00 Anruf beim Arzt. 10:00 Besuch in seiner Ordination, Kind ist dabei, hatte nachts starkes Ohrenweh. Wir bekommen beide Antibiotika. Der Tag ist in Trance verlaufen, ich fasse es nicht, wie brav mein Mädchen neben mir im Bett gespielt hat, wie verständnisvoll sie akzeptiert hat, dass die Mama nur im Liegen, mit geschlossenen Augen und fast ohne Worte »spielen« kann. Jetzt, abends: Meine Medikamente beginnen zu wirken, das dramatische Krank-Gefühl ist weg, Schwäche bleibt. Mein Mann liegt jetzt mit hohem Fieber im Bett. Möge der morgige Tag auch irgendwie vorbeigehen, dann, danach, wird es wohl besser.

Montag, 23.3.

10:00

Was habe ich mir vorgestellt, als ich zu schreiben begonnen habe? Wovon dachte ich, dass dieses Tagebuch handeln würde? Hatte ich ein Motto im Kopf? Ich habe geplant und vermutet, dass es um kleine Krisen gehen würde, um ganz normalen Wahnsinn mitten im Abnormalen, um überraschend Schönes, um Tabugefühle und Lichtgedanken. Dass dieses Tagebuch schon am dritten Tag seines Bestehens zum Krankheits-Protokoll werden würde, das war nicht geplant – und nicht gewollt. Es gibt kaum etwas, das mir unspannender scheint als ein Bericht von Fieber, Husten, Medikamentenwahl und Wie-war-mein-Schlaf. Ich hoffe sehr, dass es bald wieder anderes zu schreiben gibt.

11:30

Apropos krank: Am vergangenen Donnerstag hätte ich einen Vortrag in der Steiermark gehalten. Übermorgen einen in Oberösterreich und am Donnerstag eine Lesung ebendort. Nie hätte ich es mir erlaubt, die Veranstaltungen wegen meiner Bronchitis abzusagen. Ich habe noch nie einen Vortrag ausfallen lassen, ich bin sehr verlässlich. Jetzt hat Corona es mir abgenommen, das Funktionieren-

Wollen. Corona hat es übernommen, meine Veranstalter und mein Publikum zu enttäuschen. Ich kann bis auf Weiteres mit meinem Husten zu Hause bleiben. Ich vermisse die Menschen, zu denen ich gerne gesprochen hätte. Aber ich bin auch froh, daheim zu sein und Bettwärme zu tanken.

13:00

»Nochmal, nochmal!« Das gefürchtete Wort aus dem Kindermund. Normalerweise. Derzeit das schönste Wort überhaupt. Ja, sie will noch einmal »Lauf, Jäger, lauf« spielen, sich als Hase in einem Eck verstecken, leise flüstern und rascheln, mir ihre funkelnden Augen und ihre blocksberghohen Ohren zeigen, sie will, dass ich noch einmal aus dem Wald laufe und mich »im Jägerhaus« (unter dem Küchentisch) verkrieche, sie will noch einmal unter den Tisch zu Besuch kommen und mir sagen, dass sie doch nur ein liebes Häschen ist. Das Spiel dauert vier Minuten. »Nochmal«, das heißt: Wir wissen wieder vier Minuten etwas zu tun. Und danach? »Nochmal!«, so hoffe ich. So oft es geht.

15:00

Corona-Alltag mit Kind und zwei kranken Eltern, daraus könnte man ein paar Computerspiele machen.

Spiel 1: Koche Essen, koche Tee, wechsle Kinderkleidung, halte das Handy aufgeladen, hole neue Taschentücher, fahre zum Arzt, repariere das fragile LEGO Duplo-Haus, suche das Fieberthermometer, finde die Lieblingspuppe, geh aufs Klo. Herausforderung: Du kannst immer nur für 30 Sekunden aufstehen, weil sonst dein Kreislauf in sich zusammenbricht.

Spiel 2: Eine Art »Super Mario«. Du musst es schaffen, möglichst viele SMS, WhatsApps, PNs und Mails mit der Frage »Wie geht es dir?« zu beantworten. Die Gefahren: Handy wird leer. Kind tippt mit. Kind will »Peppa Wutz« schauen, sobald du den Computer öffnest. Mann fragt, warum du dauernd am Handy bist. Schwierigkeitsgrade: Wenn du eine Nachricht nicht schnell beantwortest, verwandelt sie sich in eine »Ich mach mir solche Sorgen«-Botschaft und explodiert, wenn du sie übersiehst. Bonus-Schwierigkeitsgrad: Du bekommst zusätzlich Nachrichten mit Hilfsangeboten. Wenn du diese nicht beantwortest, verwandeln sie sich in »Es tut mir leid, ich wollte nicht übergriffig sein«-Botschaften und knabbern ordentlich an deinem Zeit-Budget.

Spiel 3: »Die Tester«. Ein Strategiespiel. Du versuchst, einen Tester zu dir nach Hause zu bekommen, um Zugang zu Kinderbetreuung zu erhalten. Du musst die richtigen Antworten knacken, damit es gelingt.

Spiel 4: »Monopoly« verkehrt. Ein Brettspiel für Erwachsene. Du würfelst dich entlang einer Zeitleiste. Du beginnst mit einem Geldbudget. Es gibt rote Felder, die sind mit »Miete«, »Versicherung«, »Einkauf«, »sonstige Fixkosten« beschriftet, da musst du zahlen. Gelbe Felder heißen: »Lass dir was einfallen«, da hast du die Möglichkeit, dir durch findige Ideen etwas dazuzuverdienen. Dunkelgrüne Felder sind am Ende des Spielbretts zu finden, bei ihnen könntest du Geld bekommen, der Würfel entscheidet, ob sie sich in »Abgesagt«-Felder verwandeln oder nicht. Spielziel: Ins Ziel zu kommen, ohne bankrottzugehen.

Spiel 5: Corona-»Activity«-Aufgaben mit Handicap, z. B.: Erzähle von deinem langen Spaziergang, ohne jemanden neidisch zu machen, der gerade nicht raus darf. Leiste echte Hilfe, ohne physisch anwesend zu sein. Erkläre einem Kleinkind, das durchs Fenster Schnee sieht, warum es nicht raus darf.

21:00

Es war am 12. März, die kommende Ausgangssperre war noch kaum mehr als ein Gerücht, da haben wir Erikas Geburtstag gefeiert. Wenn wir gewusst hätten, dass die Geschenke dieses Tages in den kommenden vier bis sechs Wochen eine sehr wichtige Rolle spielen würden: Hätten wir ihr etwas anderes oder noch mehr geschenkt? Nein, ich denke, die Geschenke waren perfekt. Das wichtigste Geschenk von allen kam von Erikas Taufpatin: zwei Sound-Bücher. »So klingt Vivaldi« und »So klingt Chopin«. Seit Tagen darf ich Erika nicht mehr Erika nennen. Sie ist Vivaldi. Und ich bin Chopin. Und wenn sie mich einmal aus Versehen Mama nennt, lacht sie, als hätte sie gerade einen fantastischen Witz gemacht.

Heute haben wir Lang Lang auf Youtube gesehen, er spielt den »Grande Valse Brillante« von Chopin. Er spielt so, dass ich dafür kein Eigenschaftswort habe. Oder zu viele: göttlich, himmlisch, elysisch, phänomenal. Erika ist hingerissen. Und sagt zu mir: »Kannst du auch so schauen wie der Mann?« Na, Gott sei Dank wollte sie nicht, dass ich so Klavier spiele. Schauen kann ich gut. Fast so gut wie Lang Lang.

Dienstag, 24.3.

6:00

Einer der Tipps, den ich bekommen habe, als ich fragte, wie man die Coronazeit mit Kleinkind überleben soll, lautete: Mach einen Tagesplan, möglichst genau, zeichne ihn auf und erkläre ihn deinem Kind. Spielzeit, Kochzeit, Mama-für-sich-Zeit ... Ich konnte mir nicht vorstellen, wie das funktionieren sollte. Wenn eh alles so schwierig ist, auch noch einen Plan machen und sich selber dann dran halten müssen? Nein, das war nichts für mich. Jetzt, am Tag zehn, merke ich: Es gibt einen Plan. Es gibt einen Rhythmus. Nicht meinen. Sondern den, der sich langsam einpendelt. Er wird immer verlässlicher. Ich merke: Pläne, die man macht, sind lang nicht so gut wie Pläne, die man erkennt.

14:00

Ich sinniere gerade, ob das eine oder andere dieser Wörter in zehn Jahren im Wörterbuch zu finden sein wird: Corona-Gruß, der: freundlicher Gruß ohne körperliche Berührung und mit wenigen Worten; Corona-Heirat, die: Heirat aufgrund der Erfahrung, dass man tatsächlich auch schlechte Zeiten gut miteinander überstehen kann; Corona-Gap, der: Kommunikationsproblem zwischen Menschen, die sich in unvergleichbaren Lebenssituationen befinden, aber glauben, in ähnlicher Lage zu sein; Coronazeit, die: Mini-Variante des Sabbaticals, Zeitraum von vier bis acht Wochen ohne Einkommen, der meistens genutzt wird, um Liegengebliebenes aufzuarbeiten, Zeit mit den Kindern zu verbringen und Sozialkontakte wieder zu beleben; Corona-Shift, der: Umstieg eines Unternehmens von persönlicher Dienstleistung auf Online-Produkte; coroning, Verb: wohlwollender Zuspruch in Form von Worten, wo reale Hilfe nicht möglich ist …

22:30

Ein schlechter Tag geht zu Ende. Der schlechteste bisher. So schlecht, dass ich am liebsten das andere Wort mit »Sch« verwenden möchte. Mein Mann hat zu seiner Grippe Migräne bekommen, und wer Migräne kennt, weiß, dass das etwas fundamental anderes ist als Kopfweh. Er hat seine medizinisch erlaubte Höchstdosis an Medikamenten für dieses Monat schon ausgeschöpft und muss nun – zum ersten Mal seit Jahren – versuchen, ohne Schmerzlinderung auszukommen. Das sind rasende Schmerzen. Kind spürt die zum Zerreißen gespannte Situation und wird fahrig, ausufernd, aggressiv, wird zum Kasperl. Ich bin müde wie Blei. Möchte sagen: »Ich bin dem allem nicht gewachsen!« Aber wem sage ich es?

22:45

Welche war die schlimmste Stunde des Tages? Kann ich sie identifizieren? War es die Stunde, als mein Mann mir nach dem Mittagsschlaf von seiner Lage erzählt und mir erklärt hat, was da nun auf uns zukommen wird? Nein, das war nicht die schlimmste Stunde. Da war Erika noch gut gelaunt und hat sich gerade am Bilderbuch erfreut. War es die Stunde zwischen vier und fünf, die sich hingezogen hat wie sieben Stunden, ohne Spielideen, mit viel Gezupfe an meinem Pullover, mit dem immer gleichen Satz »Mama, ich will raus«? Nein, das war nicht die schlimmste Stunde. Immerhin haben wir Banane geschmaust. Immerhin war da der Boden und mein Pullover noch sauber. Vielleicht war es die Stunde, in der ich Erika anbot, mit dem Indoor-Schnee zu spielen, den ich ihr gestern gemixt habe (1 kg Maizena mit 1/8 Liter Öl), während ich das Abendessen kochen wollte. Die ölige Paste Schnee war innerhalb kürzester Zeit über den Wohnzimmerboden verteilt und auch auf Erikas Hose und Socken. Sie ist damit wild herumgelaufen, jedes »Stopp, komm sofort her« hat zu Kichern und Weglaufen geführt. Irgendwie: Kind ausgezogen, am Sofa geparkt, Boden notdürftig aufgewischt, Kind gebadet. Dann den Kaiserschmarren gekocht, einträchtig mit Kochhelferlein. Mann schaut zu, ohne, dass ich es bemerke und kritisiert mich, weil ich mixe und das Kind seiner Meinung nach zu nah danebensteht. Ich flippe aus, Mutterehre verletzt. Mann gekränkt. War das die schlimmste Stunde? Nein, denn in dieser Stunde waren wir noch nicht so müde wie in der, die folgte. Pyjama anziehen, wieder ausziehen, am Topf verzweifelt aufs Gacki warten, bis ich nach 20 Minuten von meinem Mann erfahre, dass sie schon am Vormittag alles erledigt hat, einem sich windenden Ringelwurm die Zähne putzen, taktischer Fehler: das Kind ein Bilderbuch aussuchen lassen (es greift leider zum längsten, das wir haben), lesen im Bett, Lied zum Schlafen, Streit, weil es kein zweites Lied gibt. Was war das Schlimmste an dieser Stunde? Dass ich das alles aufschreiben wollte und einfach nicht dazu gekommen bin. Jetzt habe ich es doch noch getan. Und die schlimmste Stunde um einiges besser gemacht.

Mittwoch, 25.3.

7:00

Immerhin. Vielleicht wird es heute ein Immerhin-Tag. Immerhin-Tage sind meistens Tage mit halbwegs erträglichem Lebensgefühl. Immerhin-Tage sind Tage, die eigentlich nicht gut werden können. Tage, an denen ich mir einiges an Stress nehme, weil ich mir gar nicht vornehme, gut gelaunt, glücklich, dankbar oder sonst irgendwie rosarot zu sein. Damit fällt einiges an Stress weg. An Immerhin-Tagen fallen mir, immerhin, die kleinen Lichtblicke auf. Immerhin schläft mein Kind immer noch und ich hatte ein wenig Schreibzeit, sogar mit Kaffee. Immerhin bin ich gesünder als in den letzten Tagen. Immerhin schmeckt mir der Kaffee wieder. Immerhin.

14:00

Der Immerhin-Tag hat sich überraschenderweise in einen Nanu-Tag verwandelt. Nanu, mein Mann steht fast gleichzeitig mit mir auf und schaut beinahe aus wie ein Mensch. Er beichtet: »Um fünf hab ich das Mittel genommen, ich hab's einfach nicht mehr ausgehalten.« Die Migräne ist erst einmal gebändigt. Nanu, unser Kind schläft bis acht und wacht gut gelaunt auf. Nanu, das Spielen mit ihr macht mir heute Vormittag wirklich (ich meine:

wirklich!) Spaß und nanu, als ich sie – inzwischen nicht mehr ausnahmsweise, sondern, weil es ok ist – zum Duschen mitnehmen wollte, sagte sie: »Ich will lieber beim Papi bleiben.« Nanu. Nanu, mit Maizena-Öl-Gatsch kann man nicht nur am Boden spielen, sondern auch auf der wandseitigen Küchenablage, die sich leicht putzen lässt. Daneben kann ich wunderbar kochen. Nanu, mein Kind isst mit, wirklich mit, nicht nur Nudeln ohne alles, sondern Nudeln mit Sauce Bolognese. Und will noch eine Portion. Nanu, als mein Mann mit ihr zum Mittagsschlaf geht, sause ich nicht sofort ins Bett, sondern habe noch Energie, diesen Logbucheintrag zu schreiben. Also wirklich: nanu!

14:15

Ich bin überwältigt davon, wie viele Menschen meine Tagebucheinträge lesen. Heute habe ich mir eine lustige Frage gestellt: Wäre dieses Tagebuch ebenso beliebt, wenn ich es einfach so geschrieben hätte, ohne Coronazeit? Ich glaube ja, dass es über das ganz normale Leben auch mindestens drei Mal täglich etwas zu berichten gäbe. Die Einträge würden sich vielleicht gar nicht sehr von denen in meinem Corona-Tagebuch unterscheiden. Ehrlich gesagt habe ich vieles, wovon ich berichtet habe, so oder in abgeschwächter Form auch schon vorher erlebt. Das »ganz normale Leben«, vielleicht ist es gerade interessant, weil es uns alle betrifft. Weil wir alle kaum mehr etwas haben als dieses ganz normale Leben, diesen unseren Alltag. Corona ist, so scheint es mir, für viele von uns gar kein Ausnahmezustand, sondern Alltag, Normalität ohne Aus- und Fluchtweg. Es gefällt mir, dass unser ganz normales Leben in dieser seltsamen Zeit zu etwas Besonderem wurde, zu etwas, dem man Beachtung und Aufmerksamkeit schenkt.

22:00

»Die Spannung des Neuen ist vorbei, und jetzt begreifen die Leute langsam, dass es noch lange so weitergehen wird, obwohl es ab jetzt nicht mehr aufregend ist.« So ähnlich hat es der Moderator der »Zeit im Bild« heute ausgedrückt. Ich fragte mich: Kennt der mich? Wieso weiß der so genau, was mir gerade heute im Kopf herumgeht? Ach. Ich sollte doch froh sein. Endlich ein Tag ohne Drama. Ohne Ausnahmezustand im Ausnahmezustand. Ein Tag wie jeder andere (der coronamäßig hoffentlich noch vor mir liegt). Genau das war plötzlich das Problem. Ich konnte nicht anders. Als mein Kind – wie jeden Tag seit vorletztem Montag – nach dem Mittagsschlaf jubelte: »Ich hab's, wir spielen Chopin und Vivaldi!«, als etwas später ihr bedingter Reflex »Mama öffnet Kühlschranktür – Kind will Joghurt – beim Joghurtessen ›Peppa Wutz‹ schauen« griff, als sie sich beim Skypen mit den Großeltern daran erinnerte, dass sie sich gestern gleich nach dem Skypen in der Badewanne austoben durfte und das prompt nach einer halben Minute Telefonie wieder einforderte, da dachte ich nur noch: O Gott, und das im Rad, jetzt jeden Tag? Wie komme ich da wieder raus? Besonders laut wurden diese Gedanken, als mein Mädchen vor Freude kreischte: »Mama, ich hab's, wir spielen, Vivaldi ist in der Badewanne und Chopin kommt ihn besuchen!« Jetzt liegt Vivaldi mit Papa, sorry: mit Mozart, im Bett. Mozart singt vor, aus dem großen Liederbuch. Ich beneide meinen Mann um diese musisch-beschauliche Aufgabe. Und stelle verwundert fest: Ich hatte noch nie ein Problem, dasselbe Kinderlied zwanzig Mal hintereinander zu singen. Vielleicht sollte ich unsere Chopin-Vivaldi-Spiele als Lieder betrachten. Lieder mit Strophen und Variationen. Nicht herausfordernd, nicht neu. Sondern vor allem: vertraut und Halt gebend. Nicht nur für das Kind, auch für mich. Ich werde es versuchen, morgen, wenn Vivaldi mich weckt.

Donnerstag, 26.3.

6:30

Chopin und Vivaldi haben mich bis in die Nacht verfolgt. Nachts spazieren die Gedanken in andere Richtungen. Nachts treffen sich Gedanken, die sich untertags kaum begegnen. Um vier bin ich aufgewacht und hatte eine Erkenntnis. Ich ahne jetzt, warum mein Kind ständig Vivaldi spielt. Wir haben ja doch einige Auseinandersetzungen, im Moment. Drei, vier Mal täglich werde ich laut. Nein, wir können nicht JETZT zum Billa gehen, um schnell einen Maiskolben zu kaufen. Nein, wir können Omi und Opi JETZT nicht besuchen ... Mama ist lauter als sonst. Nur Vivaldi und Chopin streiten nie, die sind immer Freunde. Mein Kind kontrolliert den Frieden. Ich muss weinen, während ich das schreibe.

6:40

»Narrativ.« Dieses Wort ist mir zum ersten Mal in meiner Ausbildung zur Poesie- und Bibliotherapie begegnet. Es bezeichnet einen Erzählstrang, eine (meist selbst zusammengebastelte) Geschichte (die einem selbst als die einzig logische erscheint). Es gibt die »narrative Therapie«, die sich mit selbst erzählten Lebensgeschichten, mit den roten Fäden des Lebens beschäftigt (und sich darum bemüht, weitere, oft positivere Narrative aufzuspüren). »Narrativ« ist für viele zum Unwort geworden, weil es in Politik und Werbewirtschaft zu oft verwendet wird. Ich mag und brauche es trotzdem, dieses Wort. Es fragt mich immer wieder: Welche Geschichte(n) erzählst du da durch all deine Geschichten? Welcher eine Satz fasst alles zusammen, was du bisher gesagt hast?

6:50

Das Problem an Narrativen im Tagebuch: Was nicht in eines der Narrative passt, fällt unter den Tisch. Der Geruch des Essigwassers, mit dem mein Mann den Herd schrubbt, nachdem ich gekocht habe. Der ernst lächelnde Blick, mit dem mein Mädchen mich umarmt, wenn ich sie aus dem Bett hole. Das Bilderbuch vom Hasen, der beim kranken Igel bleibt, obwohl alle Freunde zum Spielen locken – Erika will es gerade nicht lesen, aber ich blättere es manchmal für mich selber durch. Umarmungen von Mann zu Frau, von Frau zu Mann, auf der Treppe, zwischen Waschbecken und Dusche, beim Wäscheaufhängen. Das kleine Wesen, das uns nicht auseinanderreißt, sondern in die Umarmung aufgenommen werden will.

7:00

Mein Kind wird gleich aufwachen. Ich fürchte mich vor dem heutigen Vormittag. Ich habe so wahnsinnig viel zu tun. Ich muss eine Einkaufsliste für die nächsten sieben Tage schreiben. Ich muss meine Mama anrufen und ihr sagen, welches Spielzeug aus ihrer Wohnung sie uns vor die Tür stellen soll (sie möchte uns etwas Gutes tun und mit dem Auto kommen, ohne Kontakt, einfach nur, um eine Fahrt zu unternehmen). Davor muss ich nachdenken. Und ich muss Mittagessen kochen. Drei Dinge an einem Vormittag. Davon zwei, für die ich nachdenken muss. Diese Agenda türmt sich vor mir auf wie ein Berg, der nicht zu bewältigen ist.

14:30

Koronare Herzgefäße. Dieser Begriff ist mir heute Vormittag plötzlich in den Sinn gekommen. Ich meinte mich daran zu erinnern, dass es ihn gibt, dass ich ihn irgendwann, irgendwo in Anatomie gelernt habe. In den Stunden des Vormittags hatte ich keine Zeit, ihn zu googeln. Das war gut, denn so konnte ich mich ausgiebig in ihn verlieben. Herzgefäße. Ein »coronares« Herzgefäß. Das sind wir, das ist jeder Einzelne von uns, das sind die Familien, die jetzt so gut zusammenhalten, wie es eben geht, das sind die Paare, die darauf verzichten, wegen Kleinigkeiten zu streiten, das sind die Gruppen, die online zusammenhalten, das sind die Teams, die sich auf Abstand unterstützen. Ein »coronares« Herzgefäß: die Menschheit wächst gerade dazu heran, in ihrer Gesamtheit ein solches zu sein. Jetzt, zu Mittag, war Google dran. Was es da zu finden gibt: Koronargefäße. Und als Synonym: Herzkranzgefäße. Eine Koronarkrankheit gibt es auch. »Coronare Herzgefäße« finden sich in genau dieser Ausdrucksweise in keinem Lexikon. Mir macht das nichts. Für mich gibt es sie längst, und ich bin eines von ihnen.

15:00

Mein Herz ist schwer. Ein Freund, den ich sehr mag, hat mir gerade entsetzt geschrieben, was ich mir dabei denke, meine alten Eltern dem Risiko einer Fahrt zu uns auszusetzen. Der Ton war nicht nur besorgt, da ist etwas anderes mitgeschwungen. Etwas, das mir Angst macht. Der Hintergrund der morgens erwähnten Fahrt: Meine Eltern haben viel Spielzeug bei sich zu Hause im Schrank, in einem Sack. Sie sind mit dem Sack in ihre eigene Garage gegangen, nach Niederösterreich zu uns gefahren, haben ihn unten im Tal auf eine Bank gestellt, von wo wir ihn geholt haben. Wir haben uns mit vier Meter Abstand zugewunken, hatten sonst keinen Kontakt und meine Eltern hatten bei der Aktion auch keinen Kontakt zu irgendeiner Außenwelt. Der Ausflug hat ihnen etwas zu tun geschenkt und uns neues Spielmaterial für die nächsten Tage. Ich finde nicht heraus, was daran falsch war und fühle mich verzweifelt. Meine Eltern gehen jeden zweiten Tag einkaufen, das halte ich für viel gefährlicher als diese Fahrt. Bin ich zu naiv? Oder geraten wir alle langsam in eine Panik, die nicht mehr rational zu ordnen ist?

22:00

Ein Nachtrag zu Chopin und Vivaldi. Gestern Nacht habe ich mit meinem Mann darüber philosophiert, warum mir das Rollenspielen so viel schwerer fällt als das Singen der immer gleichen Lieder. »Ich glaube, es liegt daran, dass ich beim Rollenspiel auch die Emotionen dauernd wiederholen muss«, spekulierte ich. »Beim Singen bin ich neutraler.« Mein Mann, Schauspieler von Beruf, erteilte mir spontan die wichtigste Rollenspiel-Lektion meines Mama-Lebens: »Du musst nicht mit jedem Wort emotional sein. Vertrau darauf, dass der Text genug ist. Texte sind stark, für sich allein. Wenn sie will, dass du ›Hallo, Vivaldi‹ sagst, sag es ganz normal. Das reicht.« Heute ausprobiert, mein Mann hat recht. Text ist Text. Der anstrengende Rest, die Emphase, die ich glaubte, bieten zu müssen, ist eigentlich nur Schnörkelei – und für mein Kind gar nicht so wichtig, wie ich dachte.

22:30

Bis gestern hat die abendliche Furcht vor dem neuen Tag dominiert und eher keine echte Vorfreude zugelassen. Jeden Abend dieselben Fragen: Wird Erika morgen die Nerven wegschmeißen? Wird ihr Spielzeug ihr so langweilig sein, dass gar nichts mehr geht? Wie sollen wir wieder ganze 16 Stunden hinter uns bringen, vom Aufstehen um 6:30 bis zur Bettruhe um halb zehn?! Heute habe ich genauer hingeschaut. Und gemerkt: Es gibt gute, freundliche Stunden. Stunden, die mich durch ihre Zuverlässigkeit gezähmt haben wie der kleine Prinz den Fuchs. Da ist die erste Stunde nach dem Aufstehen, meist mit Kaffee in Stille, sie wird zur Schmusestunde, wenn mein Kind aufwacht. Die nächste Stunde nährt, mit Frühstück und Tagesbesprechung und ersten Spielideen. Dann folgt unweigerlich eine Stunde Rollenspiel, die mir Freude macht. Die Kochzeit, das Essen. Mittagsruhe, Mann nimmt Kind und liest ihm vor, bis es schläft ... Ich habe die Fuchs-Stunden weiter gezählt. Es sind 15 von 16. Die einzig schwierige Stunde ist die, in der ich zu viel von mir verlange: Essen so zubereiten, dass es nach den Nachrichten fertig ist, dann schnell vor dem Hauptabendprogramm meine Eltern anskypen, ehe ich Erika das Babybad einlasse. Das ist einfach zu viel für eine einzige Stunde. Das geht auf keine Fuchshaut. Morgen wird umgeplant, die Stunde wird entlastet. Ich merke, dass ich mich ehrlich auf morgen freue, auf die lieben Stunden, die am Rand meines Fuchsbaus auf mich warten werden.

Freitag 27.3.

6:30

Ich schreibe, obwohl es gerade nichts Nennenswertes zu erzählen gibt. Ich hatte eine gute Nacht, bin gerne aufgestanden, alle anderen schlafen noch. In meinem Kopf drängeln sich noch keine Gedanken, die ich ordnen, verwandeln oder aus meinem Kopf pusten muss. Sind da noch Reste? Liegt etwas unter der Oberfläche? Einen Gedanken sehe ich herumhuschen, wie eine Kaulquappe im trüben Tümpel. Ich denke an einen Artikel, den mir eine Freundin gestern geschickt hat. Er handelte davon, was manche Frauen derzeit zu Hause leisten müssen, nicht generell, sondern am Beispiel einzelner drastischer Schicksale. In dem Artikel habe ich erfahren, dass Angestellte im Homeoffice, die ihre Kinder (egal, wie alt) zu Hause betreuen müssen, trotzdem ihre volle Arbeitszeit leisten und sogar stundenweise dokumentieren müssen. Wenn ich das lese, möchte ich schreien. Darf das wahr sein? Darf es das geben? Kein schöner Morgengedanke. Ich will ihn trotzdem nicht besänftigen. Er betrifft zu viele von uns, von euch.

7:00

In einem Morgentext einer Freundin habe ich gerade gelesen: »Ich hab vor ein paar Minuten gemerkt, wie die Vögel mir geholfen haben. Ich hab sie durch die Ohren eingeatmet.« Das Zwitschern einatmen, das gefällt mir. Ich mache mit und mache gleich weiter mit Corona-Un-Sinn-Aktivitäten: Ich esse jetzt einen Happen Luft. Dann lehne ich mich an einen Sonnenstrahl. Ich lausche dem Duft aus meiner Kaffeetasse, schreibe mir eine Liste aus Stille, spaziere einmal um den Himmel, um meine Liebe Gassi zu führen, kaufe am Weg ein bisschen Blau. Ich drehe den Schlüssel, das Lächeln springt auf, ich trete ein und ziehe die Restsorgen aus.

14:00

Die finanziellen Auswirkungen von Corona betreffen auch mich. Absagen, Absagen, Verdienstentgang. Wohin mit diesen Informationen? Ich weiß, es geschieht etwas mit mir. Ich spüre es im Bauch, im Herz. Aber ich spüre es ja noch gar nicht. Ich habe als selbstständige Vortragende und Seminarleiterin seit Mitte März keine Einnahmen mehr, ich fürchte, noch bis Sommer. Aber es gibt noch Geld am Konto. Noch. Die Gefahr gaukelt unsichtbar durch einen eigentlich freudvollen Tag. Es ist warm. Die Einnahmen bröckeln ab. Mein Mann saugt Staub, bis alles blitzt. Ich hätte gestern und vorgestern eigentlich das Geld für die nächsten drei Wochen verdienen sollen. Es gibt Pizza, reichlich belegt. In zwei, drei Monaten ist das Konto leer. Erika holt sich zum ersten Mal selbstständig den Topf, während ich telefoniere. »Inkubationszeit« kommt mir in den Sinn. Ich bin schon betroffen und merke es nicht. Wenigstens ist Geldmangel nicht ansteckend.

16:00

Es ist warm draußen. Nicht ganz so warm wie erhofft, leider recht windig, aber doch zu warm, um das Drinbleiben noch ernsthaft rechtfertigen zu können. Erika ist außer Rand und Band, sie untersucht jedes Gänseblümchen, grüßt jeden Stein im Hof, schaut ihrem Papa beim Reinigen der Abflussrohre zu. »Gehen wir noch zum Marterl?«, schlage ich vor. »Jaaa!« jubelt Erika und wir machen uns auf den Weg in den kleinen Wald hinter unserem Haus. Am Weg spielen wir ... Vivaldi und Chopin. »Ich weiß ein neues Spiel, Mama«, sagt Erika. »Wie spielen, Vivaldi und Chopin haben sich im Wald verirrt und haben überhaupt nichts mehr zu essen zu Hause und müssen verhungern.« Ich weiß nicht, wie sie auf dieses Spiel kommt. Wir haben vor ihr kein Wort über Kurzarbeit oder über den Härtefallfonds verloren. Kinder sind Gedankenleser. Und sie haben immer eine Lösung. »Wir spielen, Vivaldi findet im Wald einen Apfel und teilt ihn mit Chopin.«

21:30

Heute war ich kurz mal so richtig sauer auf das Coronavirus. So ein langes Wort und so völlig ungeeignet für alle Scrabble- und Buchstabensalat-Spiele! Normalerweise mache ich das gern, mit Wörtern, die mich gerade beschäftigen. Ich seziere sie, nehme sie auseinander und baue ihre Buchstaben neu zusammen. Ich schaue den Wörtern in den Bauchraum und befrage sie: Was steckt in dir? Was sagst du mir erst auf den zweiten Blick? Um es kurz zu machen: Coronavirus ist ein Angeber. Ein Schaumschläger. Man sollte meinen, dass dieses Wort ganz schön viele Kombinationen zulässt. Aber außer Cousin, Invasor, voraus, Anis und Ciao ist da so gut wie gar nichts zu holen. »Raus« geht auch noch, aber das geht ja jetzt nicht. Nein, mit dir spiele ich nicht, du Virus. Ich warte auf Sommerbeginn und Ausgangserlaubnis. Da drin stecken viel mehr Möglichkeiten.

Samstag, 28.3.

6:30

Wie beschreibe ich dieses Gefühl? Ich weiß nicht einmal, wo es sitzt. Manchmal im Nacken. Manchmal im weichen Bereich über meinem Bauch. Manchmal auch in den Schultern, und wenn ich genau hinspüre, sitzt es eigentlich überall. Es sagt: »Irgendetwas stimmt da nicht.« Es ist immer da, und besonders stark wird es, wenn ich gerade dabei bin, mich an die Virus-Umstände zu gewöhnen und Dinge denke wie: Eigentlich doch schön, dieses Zuhausesein mit der Familie. Eigentlich doch schön, die viele Zeit mit meinem Kind. Ja, die Zeit ist schön. Aber irgendetwas stimmt nicht. Ich bin froh, dass ich dieses Mahngefühl habe. Es erinnert mich daran, dass es das andere Leben gab und wieder geben wird. Mein Leben, das ich wirklich von Herzen liebe. Reiseleben, Auf-Menschen-Zugeh-Leben, Freibad- und Kinoleben. Liebes Virus, du bist mächtig. Aber mein Lebenswille ist es auch. Er wird dich überleben, das schwöre ich dir.

6:40

Und es kommt die Zeit, da werde ich mein Kind ins Auto setzen. Ich schließe den Gurt. »Komm, wir fahren zu Sabine.« Es wird die Zeit kommen, da werde ich meine

Nachbarin im Hof treffen. Wir werden uns zulächeln und uns dann umarmen. »Wollt ihr auf einen Tee kommen?« »Ja, gern.« Es wird die Zeit kommen, da werde ich einkaufen gehen. Ein Sommerkleid, neue Buntstifte für mein Kind, drei Makronen aus der Konditorei. Es wird die Zeit kommen, da klopft die Omi an. »Hallo, mein Schatz«, wird sie sagen. Und Erika hüpft ihr in die Arme. Es wird die Zeit kommen, da werde ich neben einem Menschen sitzen und mit ihm in sein Geschriebenes schauen. »Was meinst du mit diesem Wort?«, werde ich fragen, mein Finger wird auf dem Papier liegen und nichts und niemandem zu nahe sein.

7:00

Eine kleine Inventur. Bis jetzt: Was will ich mitnehmen aus dieser Zeit der physischen Isolation? Gerne den Rhythmus der Tage, der sich gesucht und gefunden hat. Gerne das Wissen, dass ich tagelang mit meinem Kind spielen kann und dass es ab dem vierten Tag so richtig Spaß zu machen beginnt. Gerne den Menüplan dieser Tage und die Fähigkeit, für eine Woche einzukaufen. Gerne jene Art von Entschleunigung, die ich gefunden habe: Nicht nichts zu tun, sondern das, was ich tue, ein kleines bisschen langsamer zu tun. Die winzige Pause vor der Antwort, das minimale Innehalten vor der nächsten Bewegung der Hand. Was noch? Den täglichen Anruf bei meinen Eltern. Das gemeinsame Schreiben in der

Gruppe. Das tägliche Schreiben. Die Kraft, meinem Kind zu sagen, dass etwas Bestimmtes jetzt nicht geht. Den Willen, Streit abzuwenden. Den Entschluss, sich zu umarmen, statt böse zu sein. Die Erfahrung, dass ich doch besser früher zum Arzt gehen sollte als (zu) spät. Das Wissen, dass mehr geht als gedacht. Die Bereitschaft, an jedem Tag etwas Besonderes zu entdecken, etwas, das ich lieben kann. Den Willen, Wut und Angst in Worte zu fassen und zu erkunden, woher sie rühren. Die Erfahrung, dass mein Kind zutiefst kooperativ ist. Die Fähigkeit zum Verzicht. Den Willen, anderen zu helfen, wo ich kann. Den Mittagsschlaf. Die Musik von Vivaldi und Chopin.

14:00

Das Geschenk des heutigen Vormittags: Ich durfte einer Redakteurin der Zeitschrift »Brigitte« ein Interview geben. Es wird ein Ich-Bericht für ein Dossier über gelebte Resilienz im nächsten Heft. Schon manches Mal habe ich gesagt, es sollte eine Therapieform namens Interview-Therapie geben: ein kluger Mensch stellt interessante Fragen, über die man erst einmal nachdenken muss (eine Therapeutin hat mir einmal gesagt, sie merkt, dass sie eine gute Frage gestellt hat, wenn der Klient nach der Frage schweigt); es wird einem zugehört, man bekommt fürs Antworten Zeit; der Interviewer spricht einem echte Kompetenz zu und ist wirklich interessiert; am

Ende bündelt er alles in einen gut geschriebenen Text. Der Interviewte (in dem Fall ich) darf sich beim Reden selbst an Kraftquellen und lebenserprobte Weisheit erinnern. Aus so einem Gespräch geht man gestärkt hervor.

14:30

Fragen für ein Interview mit sich selbst: Was ist jetzt gerade deine Lebenssituation? Was sind die größten Belastungen und wie gehst du mit ihnen um? Welche Kraftquellen helfen dir? Gibt es innere Stärken, die gerade jetzt zum Vorschein kommen? Wie bist du zu diesen Stärken gekommen? Welche Menschen erweisen sich gerade als hilfreich? Worin besteht ihre Qualität? Was in deinem Leben hat dich auf diese Situation vorbereitet? Viele Menschen bewundern dich. Was würdest du selbst sagen, ist das Besondere an dir? Wie haben dich die letzten zwei Wochen verändert? Welche Veränderung begrüßt du als positiv? Wenn du anderen einen Rat geben solltest, der auf deiner eigenen Erfahrung basiert, wie könnte er lauten? Möchtest du sonst noch etwas sagen?

15:00

Gestern Abend hat mich eine Frau besucht. Sie saß plötzlich vor mir, einen Arm auf den Boden gestützt, den

Oberkörper lässig zur Seite geneigt, ihre Stola war leicht hinuntergerutscht. Den Kopf leicht abgewandt, schaute sie hinaus aufs Meer. Alles an ihr bestand aus Weite und Anmut und Selbstsicherheit. Sie brauchte keine Worte, jedes Wort wäre zu viel gewesen. Sie sprach zu mir, indem sie war. Ich habe mich in sie verliebt, Hals über Kopf, bis in den Nachttraum hinein. Heute Morgen war sie weg, sie bestand ja nur aus dem Dampf am Wasserhahn meiner Badewanne. Aber ihr Bild vergesse ich nicht. Ich glaube, ich war noch nie so lässig. Noch nie so schön. Oder doch? Immerhin trage ich sie seit gestern in mir. Und schaue, wohin ich auch schaue, aufs weite Meer.

21:00

Ich weiß, man soll das Positive sehen. Und Corona könnte ein Segen sein. Und in der Bucht von Venedig schwimmen Delfine, und viele von uns lernen gerade wieder, was wichtig ist und was nicht. Ich sage trotzdem – oder gerade deshalb: Corona ist Mist. Riesengroßer Mist. Und zwar ein so großer Mist, dass ich in den nächsten Tagen, alles rein- und draufwerfen will, was ich loswerden möchte, für die Zeit nach der Müllabfuhr. Zum Beispiel: spontane Lustkäufe, ohne noch einmal nachzudenken. Unbedacht gekauftes Essen, das im Müll landet. Ausflüge, nur weil ich glaube, dass mir daheim die Decke auf den Kopf fallen könnte. Den Wunsch, es lieber alleine zu schaffen. Den Arbeitstunnel, der mich manchmal drei Tage nicht an meine Eltern denken lässt. Die Sätze »Ist doch egal«, »Einmal ist keinmal«, »Merkt doch keiner«. Ich hätte jetzt gerne Marie Kondo bei mir. Sie würde mir sicher noch vieles zeigen, was ich für immer entsorgen kann.

21:30

Was ich gerne recherchieren würde, wenn ich jetzt zu viel Zeit hätte und nicht so müde wäre: Was unterscheidet Corona von der Vogelgrippe, warum mussten wir damals nicht in Hausarrest? Ist man immun, wenn man einmal Corona hatte? Wie sieht es gerade mit Corona in Afrika aus, haben die das alles noch vor sich? Gibt es schon Aussagen von Politikern über die Zeit danach, wie mit Armut, Arbeitslosigkeit, neuen Staatsschulden umgegangen wird? Gibt es schon private Initiativen, die existenzbedrohten Menschen helfen, kann man da etwas spenden? Was kann ich meinen Eltern geben, falls sie plötzlich Fieber bekommen oder zu husten beginnen? Helfen Handschuhe und Maske wirklich oder sind sie nur zur Beruhigung gut?

22:00

Heute hatte ich einen Gedanken, nein: eigentlich ein Gefühl, das mich völlig überrumpelt hat. Es hat mich am Nachmittag erwischt, als ich gerade mit Erika durch den Wald gestiefelt bin. »Haben wir noch ganz viel Zeit, Mami?«, hat sie gefragt. Und ich habe mit ganzer Überzeugung »Ja« gesagt. Da war er, der Stich: Wäre es nicht wunderschön, immer so viel Zeit mit Erika zu haben? Will ich eigentlich wirklich zurück in mein Leben, das mich berufstätig sein lässt und die Zeit mit meinem Kind immer wieder beschränkt? Ich nicke gern, wenn gesagt wird, dass sich »nachher« vieles zum Guten ändern wird. Aber werde ich meinem wachsenden Ruf nach Veränderung, nach Entschleunigung, nach mehr Zuhausezeit, nach Muße und Verzicht gewachsen sein? Werde ich konsequent befolgen, was dafür nötig ist, wenn es mir kein Politiker vorschreibt, sondern nur ich selbst die bin, die im »Danach« die Regeln definiert?

Sonntag, 29.3.

14:20

Heute habe ich keine Morgeneinträge geschrieben, da es keine kinderfreie Morgenstunde gab. Stattdessen haben wir alle halbwegs lang geschlafen (gefühlt noch länger, dank der Sommerzeit) und den Vormittag draußen verbracht. Draußen? In unserem Garten, im kleinen Wald neben unserem Haus. Unser Nachbar, der Bauer und Jäger ist und mit seiner Großfamilie am Hof im Tal wohnt, kam mit dem Auto vorbei, auf sechs Meter Abstand haben wir uns unterhalten. Er ist sehr informiert. Und froh, weil manche Forscher sagen, Bauernhofbewohner seien gut gegen das Virus geschützt, da sie täglich so vielen Keimen ausgesetzt sind. Er hat gehört, dass die Schulen (und Kindergärten?) bis Sommer geschlossen bleiben sollen. Ich hoffe, es ist ein Gerücht, das sich als falsch herausstellt.

14:30

Mich mit mir selbst auseinandersetzen. Die eigenen Stärken bemerken, Schwächen erkennen, Scham und Verzweiflung durchleben, Ängsten zuhören und sie ordnen ... das alles sind Aufgaben, die mir der Hausarrest stellt. Dazu gehören zwei Fragen, die immer wieder aus meinem Innenohr tönen. Wer bin ich? Wer will ich in Zukunft sein? Zu Beginn der Coronazeit war ich Kleinkind-Mama, überfordert von der Aufgabe, plötzlich nur Hausfrau und Mutter zu sein. Dazu war ich kranke, fiebrige Mama verzweifelt an der Verantwortung für ein kleines Kind, das mich auch braucht, wenn ich nicht aufstehen kann. Inzwischen beschäftigt mich eine andere Rolle mehr: Die der Autorin, die öffentlich und in Echtzeit über ihr Leben schreibt. Diese Rolle ist völlig neu für mich. Ich bekomme auch viel Kraft, durch das Schreiben und durch die Antworten meiner Leser. Aber ich mache auch Fehler, tappe in Fallen, muss erkennen, dass ich vieles nicht steuern kann. Ich durchlaufe eine Berufsausbildung im freien Fall: Bloggerin in einem Monat. Risiken und Nebenwirkungen inkludiert.

14:40

Am Ende des gestrigen Interviews (das ich übrigens, weil jemand gefragt hat, nicht persönlich vor Ort, sondern am Telefon geführt habe) hat mir die Redakteurin einen Bilderwitz bzw. Cartoon erzählt, an den sie immer wieder denkt. Ein Mann geht um eine Hausecke, dahinter wartet ein Bösewicht mit einem Knüppel. Der Mann wird niedergeschlagen. Er steht auf, putzt sich ab, geht weiter und sagt: »So, das wäre geschafft.« Der Cartoon geht noch weiter, denn derselbe Vorgang wiederholt sich am Dienstag, am Mittwoch, am Donnerstag ... Etwas in diesen Tagen ähnelt dem zitierten Bilderwitz. Jeden Tag muss ich erkennen, dass irgendetwas, worauf ich gehofft habe, sich nicht erfüllen wird. Kindergarten trotz Ausnahmezustand. Mitnehmen der Eltern ins Ferienhaus. Schönes Wetter ab Samstag. Kindergarten nach Ostern (ich hoffe noch immer). Seminar im Mai? Jeden Tag Hoffnungsbegräbnis. Jeden Tag ein wenig Trauer. Das Trauern macht mich müde. Soll ich aufhören zu hoffen? Kann ich das überhaupt?

14:50

Vor ein paar Tagen habe ich über einen Freund geschrieben, der mich wegen einer Aktion geschimpft hat, die ich selbst als virologisch und moralisch unbedenklich eingestuft hatte. In meinem öffentlichen Blog auf Facebook gingen daraufhin die Wertungen los. Solidarität mit mir, harte Urteile über den Menschen, der mich gerügt hat, Vorwürfe von Dummheit bis Langeweile bis Selbstgerechtigkeit. Was die Sachlage angeht war ich froh, dass ich mir nichts vorzuwerfen habe (*cum grano salis,* ein mögliches Risiko hatte ich tatsächlich übersehen, und ich war froh, darauf hingewiesen zu werden). Was die Urteile über den anderen Menschen betrifft, war mir sehr bang und flau und gar nicht wohl. Warum habe ich nicht sofort widersprochen? Weil ich selbst seit Jahren daran gewöhnt bin, Urteile auf Facebook zu überlesen und nicht persönlich zu nehmen. Ich habe übersehen und nicht bedacht, dass das nur auf mich zutrifft. Ich bereue, dass ich nicht früher eingeschritten bin.

Montag, 30.3.

7:30

Kein guter Morgen. Wie gerne hätte ich es anders gehabt. War es doch bis jetzt ein recht verlässliches Muster, dass nach einem schweren Tag wieder ein besserer kam, oder zumindest irgendeine Erkenntnis, ein Hoffnungsschimmer, eine erhellende nächtliche Idee. Nichts davon für heute. Dominant ist das Gefühl der emotionalen Überforderung. Gestern war ich bedrückt und belastet aufgrund eines Konflikts. Mein kleines Mädchen reagiert auf so einen Zustand sofort, sie wird »anstrengend«. Normalerweise nehme ich mir dann gut Zeit für mich. Ich meine, mehr als eine Runde ums Haus. Ein paar Stunden. Aber das geht jetzt nicht. Jetzt? Das geht für die nächsten sechs, sieben, zwölf Wochen nicht? Wie lange noch?!

7:40

Gestern hat Erika »Fotoalbum« gespielt. Sie hat ihr hölzernes Spielzeughandy genommen, auf die Tasten gedrückt und gesagt: »Schau, Mozart« (ich durfte einen Rollenwechsel vollziehen und darf neuerdings salzburgisch reden, ab und zu gespickt mit ein paar harmlosen Kraftwörtern wie »Schaaaß«). »Schau, Mozart, ich zeig dir Fotos von mir. Da war ich in der Badewanne. Und da ist mein Opi mit den Socken in die Badewanne gestiegen. Und da hab ich mit Fiona gestritten, weil sie auch wollte, dass Tobi ihr Freund ist.« Die Geschichte mit Fiona ist zwei Monate her, das war im Kindergarten. Wie kommt dieses Foto jetzt in ihr Holztelefon?

7:45

Ich nehme mir in Gedanken Erikas Holztelefon. Klicke darauf herum und lasse mich von den Fotos überraschen, die der Zufallsmodus bringt. Schau, da packe ich Taschen und Koffer für die Coronaferien am Land. Da liege ich krank im Bett. Da bekomme ich die SMS, die mir so wehgetan hat. Da lache ich, weil mir endlich eingefallen ist, wo die »Peppa Wutz«-Figuren sind. Da hole ich die Quiche vom Balkon, die die Vögel in der Nacht verspeist haben. Da gehe ich durch den menschenleeren Billa. Da zünden wir am Marterl eine Kerze an. Da umarmen wir uns alle drei.

14:30

Erika ist seit einiger Zeit windelfrei. Bis vor ein paar Tagen war es an mir, zu erkennen, wann sie »muss«. (Das ist nicht schwer. Als Kind habe ich mich immer gefragt, warum meine Mama meine Gedanken lesen kann und genau weiß, wann ich müde bin, aufs Klo muss, wütend bin oder etwas suche. Heute weiß ich: Sie hatte wahrscheinlich keine magischen Fähigkeiten. Nur Augen im Kopf).

Neuerdings holt Erika sich ihren Topf selbst aus dem Klo. Ganz alleine. Das klingt dann so: »Ich hol mir mein Topfi ganz alleine. Mama, gehst du mit?« Alleine und nicht alleine. Das ist für Erika kein Widerspruch. Ich bin dabei, aber sie geht im Gefühl, alleine zu gehen. Woran sie merkt, dass sie »alleine« ist? Daran, dass sie die Tür selber aufmacht. Dass sie den Topf selber ins Wohnzimmer trägt. Dass sie noch einmal aufs Klo läuft, um die Klopapierrolle zu holen. Dass sie die Hose selber runterziehen darf. So geht alleine, auch wenn man nicht wirklich alleine ist. Kann ich das auch? Kann ich »frei« sein, obwohl ich derzeit nicht wirklich frei bin? Womit darf ich mir selbst zeigen, dass ich frei bin?

14:45

Vor ein paar Tagen habe ich über dieses vage Gefühl geschrieben, das ich nicht gut beschreiben kann. Dieses

»Irgendetwas stimmt hier nicht«. Heute habe ich begriffen, was mir fehlt. Bei uns hat es in der Nacht geschneit. Zu Mittag war Traumwetter, Sonne, fünf Grad und diese Art von Schnee ums Haus, der klebt und rutscht und ideal für Kinderspiele ist. Wir waren also draußen. Erika kennt diverse Schneespiele von »Peppa Wutz« und »Conni«. Und sie wollte alles spielen. »Fahren wir mit dem Bob, Erika?« »Mama, ich tobe jetzt erst einmal herum, dann kehre ich die Sandkiste ab, dann bauen wir einen Iglu, dann spielen wir Vivaldi besucht Chopin im Iglu, dann bauen wir einen Schneemann, einen gaanz großen, und dann fahren wir mit dem Bob.« Die Worte »herum«, »Sandkiste«, »Iglu« und »großen« muss man laut lesen, mit dieser typischen Hebung in der Stimme, die Aufregung und große Pläne und jede Menge Energie vereint. Es ist dieses Stimmaufwärts, das mir in diesen Tagen fehlt, meiner eigenen Stimme ist es abhandengekommen. Ich muss herausfinden, wo es trotzdem noch geht.

15:00

Heute Vormittag konnten wir übrigens nicht ins Tal. Wir waren eingeschneit, das heißt: Auf der Straße, die von unserem Haus ins Tal führt, hat sich am Waldrand eine Wechte gebildet, über die unsere Autos nicht drüberkommen. Heute Vormittag war also einmal nicht Corona schuld, dass wir zu Hause eingesperrt waren. Was für eine Erholung! Wie erleichternd, einmal für ein paar Stunden nicht böse auf das Virus sein zu müssen, sondern zu spielen: Wir sind wegen des Schnees eingekesselt. Wir könnten jederzeit den Nachbarn bitten, die Wechte zu räumen, aber wir wollen ihn nicht unnötig stören. Ein Hauch von Freiwilligkeit war das. Ich könnte ihn mir hier und da ausborgen. Ich könnte meine Eltern sehen, aber ich will sie nicht unnötig gefährden. Ich könnte zwei Mal täglich zum Billa gehen, aber ich will nicht unnötig riskieren, mich anzustecken. Ich könnte Erika in den Kindergarten geben, aber ich will sie nicht unnötig zur Virenträgerin machen. Könnte ich wirklich? Egal, ich verzichte ohnehin. Aber ab jetzt noch freiwilliger als vorher.

15:10

Als ich schwanger war, hatte ich die berühmten seltsamen Gelüste. Schokolade mit sauren Gurken. Drei Portionen Sauerkraut. Knödel ohne Beilage zum Frühstück. Gerade bemerke ich auch allerlei Gelüste. Nackt durch den Billa laufen und »Don't worry, Be happy« singen. Drei Mal an einem Tag vom Landhaus nach Wien fahren und wieder zurück, um irgendetwas von »zu Hause« zu holen. Nach dem Frühstück wieder schlafen gehen. Seminare absagen, ehe sie mir abgesagt werden. Den Dauerauftrag für die Miete einfach so stornieren. Nach Griechenland fahren und 189 Flüchtlinge umarmen.

»Corona, go home« durchs offene Fenster schreien und dazu ein paar Böller schießen. Bin ich schwanger? Und wenn ja, womit? Vielleicht mit einer großen Portion Lebendigkeit?

15:20

Als ich heute aus der Dusche kam, hat Erika mich angegrinst und gefragt: »Mama, ist dein Kopf zu irgendwas gut?« Ich musste so lachen, dass ich ihr erst einmal keine Antwort geben konnte. Grundsätzlich ist es eh viel besser, Kinder ihre Fragen selbst beantworten zu lassen. Also sagte ich nur (und meinte es ehrlich): »Ich weiß es nicht, mein Schatz.« Erika dachte selber nach: »Zum Küssen, Mami. Und zum Hören, was ich sage. Und zum Reden und zum Essen und zum Frisieren. Und zum Singen, singst du mir ein Lied von Mozart vor?« Faszinierend, was man alles mit so einem Kopf machen kann, wenn man sich nicht gerade aufs Nachdenken versteift.

15:30

Virus, ich nenne dich: Gefängniswärter. Bergführer zum Gipfel meiner selbst. Kinderzeitverordner. Liebeskatalysator. Unschuldiger Täter. Kollektivverbinder. Marathontrainer. Harmonielehrer. Weiche ins Internet. Kleinster Feind der Welt. Gestaltwandler. Kummerbringer. Anpeitscher. Aufzeiger. Ausrede für so manches. Grund für so vieles. Kreativitätsbeschleuniger. Netzweber. Krone der Schöpfung? Herzöffner. Schreibdruckkochtopf. Mörder. Entschleuniger. Beschleuniger. Sklaventreiber. Schwarzer Peter. Fiesling, blöder. Lauernde Gefahr. Atemnehmer. Psychothriller. Falscher Film. Gedankenstopper. Hoffnungsbringer. Hoffnungszerstörer. Hoffnungserneuerer. Lebensverdreher. Existenzzerstörer. Rettungsring. Delfinwunschservierer. Klimaschutzabgeordneter. Meinungsbildner. Kunstzerstörer. Kunsterwecker. Projektionsfläche. Laserlampe. Röntgenapparat. Unerwünschter Begleiter. Diktator. Gefräßiges Tier. Gespenst in tausend Gestalten. Traumspender. Kraftnahrung. Alltags-Anästhesist. Wiederbelebungsgerät für alte oder vernachlässigte Freundschaften. Näher. Entferner. Leerfeger. Zusperrdienst. Vernunftappellierer. Gefühlskanone. Der nicht zuletzt lacht. Jahrhundertereignis. Und irgendwann: Erinnerung.

23:30

Erika und ich haben heute im Schnee »Wettlauf« gespielt. Das war Erikas Idee. »Spielen wir Wettlauf.« Wenn mein Kind etwas spielen will, das wir noch nie gespielt haben, muss ich mich mit ihm immer erst einmal über die Regeln verständigen. Es kann sein, dass Erika unter »Wettlauf« etwas ganz anderes versteht als ich, und ihre Wutanfälle, wenn ich einmal wieder »dumm« bin, sind nicht gerade spielförderlich. Also fragte ich, wie »Wettlauf« geht. »Wir spielen, wer Erster ist«, sagte Erika. Gut, das passte zu meiner Interpretation. »Ok, wer als Erster beim Baum ist?« »Nein, Mama!« »Wer als Erster beim Auto ist?« »Nein!« Was sonst?« Erika rief: »Wir spielen: Wer als Erster läuft«, und rannte lachend los. Das ist für mich mehr als eine Pointe. Es hat etwas mit dem Leben zu tun. Wer gewinnt im Leben? Der als Erster bei der Million ist? Der als Erster in Pension ist? Erikas Antwort gefällt mir besser:

Wer als Erster lebt!

Dienstag, 31.3.

14:00

Es gibt da eine Stimme in mir, die ich schon kenne – schon aus der Zeit vor Corona. Ihre Grundtonart ist Rechthaberei, gemischt mit Kompromisslosigkeit. Diese Stimme spricht, nein: ruft in kurzen, hallenden Sätzen. Heute, zwischen Traum und Tag, hat sie sich wieder einmal gemeldet und sprach: Ich fordere ein Hoheitsrecht. Ein Hoheitsrecht auf Sätze, die mir keiner sagen darf, außer ich mir selbst. Sätze wie: »Es hat doch auch was Gutes. Sieh es doch einmal so. Nimm es an. Frage dich, was es dir über dich selbst erzählt. Lass die Angst los.« Ich weiß aus Erfahrung, dass ich diese Stimme ausreden lassen muss. So lange, bis sie fertig ist und mir und allen die Meinung gesagt hat. Wenn sie wirklich ausreden durfte, kann sie zuhören. Und wird selbst verträglich. Dann fällt ihr ein, dass es sehr wohl Menschen gibt, die mir so etwas sagen dürfen. Nicht jeder darf jeden Satz sagen. Aber es gibt Vertrauensfreundschaften und es gibt Therapiestunden, da haben solche Fragen und Gedanken einen richtig guten Platz.

14:10

Ich wollte meinen heutigen Geburtstag als ganz normalen Tag behandeln. Nicht, weil mir nicht nach Feiern war.

Eher, weil mir nichts einfiel. Wie feiert man denn Geburtstag, jetzt, in dieser Zeit? Lustig: In meiner Schreibgruppe auf Facebook haben heute drei Leute das Thema Geburtstag angesprochen, obwohl sie von meinem gar nichts wussten. Zwei feiern selbst, eine Mitschreiberin denkt darüber nach, ob sie den ihren in zwei Wochen feiern soll oder nicht. »Würdest du dich fürs Feiern entscheiden, wie würdest du es machen?«, habe ich sie gefragt. Die Antwort hat mich gefreut und mir einige Ideen – und vor allem Erlaubnisse geschenkt.

Ich würde mit den Leuten, die mir wichtig sind und an diesem besonderen Tag nicht real dabei sein können/dürfen, skypen. Am liebsten mit allen auf einmal. Dann würde ich mir bei meinem Lieblingsrestaurant zur Feier des Tages ein Essen bestellen und liefern lassen oder abholen, je nachdem, was noch erlaubt ist. Dazu gäbe es ein gutes Glas Wein mit meinem Mann. Am Nachmittag würde ich einfach das machen, was mir guttut, wozu ich heute Lust habe: einen Waldspaziergang im Sonnenschein, ein gutes Buch lesen, malen, schreiben oder einfach faul sein. Als Kuchen hätte ich dann einen Quittenkuchen gemacht (mein Lieblingskuchen), den wir dann später genießen. Abends würde ich mir mal ein langes Bad gönnen ohne schlechtes Gewissen. Ja, ich glaube, so würde mein Geburtstag aussehen.

Tanja Pauli-Weyhmüller

14:20

Gestern Abend habe ich mit einem befreundeten Paar gezoomt (das ist so ähnlich wie Skype, ach, hätte ich doch vor ein paar Wochen Aktien dieser beiden Firmen gekauft!). Natürlich haben wir über Corona gesprochen. Und über die Welt danach spekuliert. Mein Freund hat erzählt, dass die Menschen in China inzwischen wieder »normal« leben dürfen. Oder: dürften. Die Chinesen haben sich so an die Distanz gewöhnt, dass sie sie beibehalten. Nach Corona bleibt die Angst vor dem Mitmenschen als potenziellem Feind, ja: als potenziellem Mörder. So empfindet man es in China. Diese Information hat mich erschreckt. Wird das auch mir so gehen? Ich habe nachgedacht. Schon vor Corona war jeder Mitmensch (theoretisch!) eine mögliche Gefahr für mich. Denn jeder kann, theoretisch, Dinge sagen, die mich schwer verletzen. Jeder kann mich kränken. Jeder kann mir einen Stoß versetzen, mit dem ich hart, über Wochen, zu kämpfen habe. Und das ist nicht nur Theorie, das passiert ja wirklich immer wieder. Meine Lösung heißt nicht »sichere Distanz«. Sondern innere Stärke. Mein seelisches Immunsystem ist die Bedingung, dass ich mich auf Menschen einlasse. Corona braucht nun mein körperliches Immunsystem. Ich will es stärken. Und mich vor niemandem fürchten, der theoretisch, eventuell ...

14:30

Bei uns ändern sich Dinge. Mancher Spaß ist vorbei. Das spürt nicht zuletzt meine Tochter. Seit wir so ohne Fluchtweg aufeinanderkleben, schaffe ich es nicht mehr so oft, fünfe gerade sein zu lassen. Manche Dinge werden mir wichtig. So wichtig, dass ich strenger werde. Beim Essen wird nicht gemalt und auch kein Märchen erzählt. Wenn ich koche, trage ich Erika nicht herum. Wenn ich drei Sätze mit meinem Mann wechseln will, muss sich mein Mädchen gedulden. Wenn das (kindergerechte) Essen nicht schmeckt, zaubere ich kein schnelles Alternativmenü, sondern es gibt Apfel und Brot. Ich merke, dass Erika, obwohl sie protestiert und alles versucht, um mich rumzukriegen, an diesen Grenzen wächst. Ist diese Erkenntnis auf mich und Corona zu übertragen? Sind die Grenzen gut, die Vater Staat mir setzt? Werde ich an ihnen wachsen? Ist es gut, wenn ich sie akzeptiere? Ja ... und Nein. Vater Staat ist anders als Erikas Mama. Denn Erika darf mitverhandeln. Erikas Grenzen werden im Wissen um ihren Reifegrad und ihre wichtigen Bedürfnisse gesetzt. Nicht aus Prinzip. Ich befolge weiterhin brav die Regeln, die der Staat mir vorgibt und nehme den Aufruf, zu wachsen an. Aber »Vater« werde ich nie sagen, nicht zum Staat und nicht zum Kanzler.

14:40

Es gibt »suichte und suichte«. Das ist eine steirische Redewendung. »Solche und solche«, heißt das übersetzt. Derzeit gibt es viele »suichte und suichte«. Solche, die Angst haben und solche, die der Angst trotzen. Solche, die Corona hassen und solche, die das Virus als Weltrettung sehen. Solche, die ins Burn-out rutschen und solche, denen langweilig ist (und solche, die die Ruhe genießen). Solche, die die Regeln überzogen finden und solche, die meinen, das sei noch viel zu wenig. Solche, die ihre Wohnung bis in den letzten Winkel putzen und solche, die im Chaos versinken. Wie werden wir mit diesen vielen Rissen umgehen, die zwischen uns aufbrechen? Mir fällt dazu nur eine andere Redewendung ein (den Autor habe ich leider vergessen): Es gibt zwei Arten von Menschen. Solche, die die Menschen in zwei Arten von Menschen unterteilen – und solche, die das nicht tun.

22:30

Wie lange dauert die Hausarrest-Zeit? Diese Frage macht mich zweifach ratlos. Erstens, weil ich es ja noch nicht weiß, weil das Ende ja noch nicht absehbar ist. Zweitens, weil es mir schwerfällt, zwei, drei oder gar vier Monate als Zeitraum zu erfassen. Ich fühle mich wie ein Kind, das im August fragt, wann das Christkind kommt.

Heute allerdings habe ich einen inneren Vergleichswert gefunden. Ich habe an die zwei Mal acht Wochen gedacht, die ich vor und nach der Geburt meiner Kinder im Schongang und (zumindest in der zweiten Hälfte) vor allem zu Hause verbracht habe. Reduziert, in Hingabe an den Moment, oft überfordert, aber im Wissen, dass die Häuslichkeit Sinn macht. Mutterschutz, so heißt mein Richtwert. Die Erfahrung sagt mir, dass der Mutterschutz gefühlt ziemlich kurz war. Ich taufe die vier Monate, mit denen ich maximal rechne, jetzt einfach »Mitmenschenschutz«.

22:50

Ich hätte Lust auf etwas, das sich verboten anfühlt, aber eigentlich auch im Moment gar nicht verboten ist. Ein Treffen mit meinen Freunden, in einem Park. Und zwar so: Wir verabreden uns auf einer großen Wiese. Wir stellen uns in einen riesigen Kreis, jeder hat fünf Meter Abstand zum anderen. Wir bräuchten Kopfhörer und Funkgeräte, wie sie die Touristengruppen haben, die von einem Guide durch die Wiener Altstadt geführt werden. Jeder von uns hätte die Hörer im Ohr. In der Mitte des Kreises läge das Mikro, jeder kann es holen und wieder zurücklegen. Natürlich hätten wir Handschuhe an. Mein Herz platzt vor Sehnsucht nach meinen Freunden, während ich das schreibe. Dieser Kreis wäre besser, viel besser als nichts.

23:00

Heute habe ich zum ersten Mal seit Corona die Abendnachrichten gehört. Dabei musste ich Mozart sein und Chopin sein Essen kochen, also habe ich nicht alles mitbekommen, aber was ich hörte, war, dass man durch einen Bluttest feststellen kann, ob jemand schon Corona hatte. Ich stelle mir jetzt vor, dass es bald T-Shirts gibt (Pullis brauchen wir bald nicht mehr, es wird ja warm), auf denen steht: »Ich bin durch«. Vor den Menschen mit diesen T-Shirts bräuchten wir uns nicht zu fürchten. Und sie sich nicht vor uns. Wir dürften sie umarmen. Sie könnten uns helfen. Ich möchte so ein T-Shirt haben.

23:10

Noch etwas habe ich in den Nachrichten gehört. Eine Psychologin sprach davon, wie die Schließung der Schulen über Ostern hinaus gerade Jugendliche stark deprimiert. Viele sagen: »Mir wurde alles genommen, worauf ich mich gefreut habe. Die Sportwoche, der Schulausflug, meine Freunde«. Auch ich habe mich auf vieles gefreut, das sich nun nicht erfüllt. Um dem Frust nicht das Zepter zu überlassen, verwende ich Sprach-Magie. Ich freue mich nicht mehr »auf«. Ich freue mich »über«. Das geht immer. Und nicht einmal Corona kann mir nehmen, worüber ich mich freuen will.

Mittwoch, 1.4.

13:00

Es muss einfach einmal gesagt sein: Ich habe es satt. Ich habe es satt. Ich habe es satt. Ich bin es leid. Ich habe es satt. Ich mag nicht mehr. Ich mag überhaupt nicht mehr. Ich will das nicht mehr. Ich habe es satt. Ich habe es absolut satt. Es reicht mir. Es reicht mir! Ich habe es satt. Ich habe es satt. Ich schaffe das nicht. Mir ist so fad. Ich habe es satt. Ich habe es satt. Holt mich hier raus! Ich habe es satt. Genug. Es ist mehr als genug. Schluss jetzt, aufhören. Ich habe es satt. (100 Wörter. Hat geholfen).

13:05

Genauer: Ich habe es satt, meine Vormittage damit zu verbringen, Rollenspiele zu spielen. Ich habe es satt, täglich zwei Mal zu kochen. Ich habe es satt, Mails im Eiltempo zu beantworten, bis mein Kind mich wieder braucht, weil sein Legoturm eingestürzt ist oder eine Playmobilfigur im Auto klemmt. Ich bin es leid, »ich weiß es nicht« antworten zu müssen. Ich habe es satt, von meinem Mädchen geboxt zu werden, auch, wenn ich sie echt verstehe. Ich bin es leid, meine Eltern durch den Bildschirm zu sehen und so zu tun, als wäre das eh ganz nett. Es ist nicht nett. Nein.

13:30

Ich lese, was ich da geschrieben habe, und denke mir: Fast alles, wovon ich hier schreibe, kenne ich doch aus dem Leben ohne Corona auch. Welche Probleme sind wirklich Corona-spezifisch? Fast keines, so lautet meine Diagnose. Was aber spezifisch ist, ist der Wegfall vertrauter Bewältigungsmechanismen. Normalerweise kopple ich lieber aus, statt etwas stur auszufechten. Nach einem Nachmittag bei Omi und Opi haben sich unlösbare Machtkämpfe schon oft von selbst aufgelöst. Wenn ich einen Tag lang arbeiten war, kommt mir Rollenspielen wieder richtig lustig vor. Die Probleme sind nicht das Problem. Worunter ich leide: Ich habe keine Bande, über die ich spielen kann. Keinen Clan, keine Familie, keine Sippe, kein Helfernetz. Niemand da.

13:35

Und wo ich schon beim Jammern bin: Dass wir in einer Ausnahmesituation sind, das leugnet keiner. Aber langsam merke ich aus manchen Ecken, dass die Erwartung steigt, man möge sich halt irgendwie mit der Ausnahmesituation arrangieren. Weil man eben muss. Nach dem allgemeinen Schock der ersten Tage schaffen es erstaunlich viele Menschen, mit irrwitzigen Bedingungen klarzukommen und in diesen zu funktionieren. Ich merke: Wenn ich sage, dass ich nach wie vor nicht weiß, wie ich neben dem Kind Büroarbeit schaffen, Telefonate führen, Mails und WhatsApps beantworten soll, dann fühle ich mich fast schon wie eine Versagerin. Arrangieren kann ich gut. Funktionieren gar nicht.

13:40

Es wird leider nicht besser. Ich warte noch auf den Lichtblick, der meistens kommt, wenn ich das Dunkel ausgeleert habe. Wenigstens kann ich jetzt, im Stockdunklen, auch gleich erzählen, was ohnehin schon in der Zeitung steht. Mein Onkel, der seit 21. März mit Corona auf der Intensivstation lag, ist vorgestern an dieser Krankheit gestorben. Er war unter den ersten Hundert in Wien, auf diese Ehre hätte er wohl gerne verzichtet. Kurz bevor die Nachricht von seinem Tod kam, habe ich Pudding gekocht, aus Reismilch. Die Masse wurde nicht fest, ich weiß nicht, wieso. Als ich das, was ein Pudding sein sollte, nach zwei Stunden aus dem Kühlschrank holte und sich immer noch nichts verfestigt hatte, begann ich spontan zu weinen. Mit lautem Schluchzen und rollenden Tränen. Erika streichelte mich und sagte: »Ist nicht so schlimm, Mami, wir machen einfach einen neuen.«

13:45

Vor ein paar Tagen hatte ich einen Traum von meinem Onkel. Er war so intensiv und so real, dass ich mich am Morgen schon fürchtete, dass es ein Abschiedstraum gewesen sein könnte. Wie froh war ich, zu hören, dass jene Nacht für meinen Onkel zwar kritisch, aber nicht tödlich war. Heute denke ich, es war doch ein Seelenbesuch. Wir waren auf einem Flughafen, wollten heimfliegen, beim Boarding sagte mein Onkel zu mir: »Ich fliege nicht mit.« Er hat mir seinen Pass und seine Kreditkarte gegeben. Dann hat er mich in einen wunderschönen Hof geführt und mir die Hände auf die Schultern gelegt. Er sagte ruhig: »Achte auf die Präsenz der Kinder. Achte auf den Rhythmus der Betonung der Worte. Und auf die Bewegung der Gebäude. Jedes Gebäude hat ein Ziel.« Danke, Jani. Ich liebe Dich.

13:50

Heute habe ich bemerkt und mir eingestanden, dass ich dieser Tage viel mehr Trauer als Angst empfinde. Bisher habe ich dieses mulmige Gefühl immer eher als vage Angst gedeutet. Das war nicht angenehm, aber wenigstens noch etwas, worin ich mir gut zureden konnte. Angst kann man wegrationalisieren. Man kann sich sagen: »Hab keine Angst. Es wird alles gut. So schlimm wird es schon nicht werden. Das schaffst du schon. Und wenn nicht, holst du dir Hilfe.« Mit der Trauer ist das anders. Die kann man nicht wegreden. Denn Trauer spekuliert nicht. Trauer stellt sich dem, was ist. Trauer weiß, wie weh es wirklich tut.

16:00

Wir haben uns die Hände gereicht, mein Mann und ich. Wir haben uns angelächelt, mit dem Lächeln dieser Tage, bei dem die Augen nicht so recht mitlächeln wollen, die Augenbrauen wissend in die Höhe ziehen und der Atem ein wenig seufzt. Viel Liebe, viel Gemeinsam liegt in diesem Lächeln. Wir schenken es einander vielmals am Tag. Es sagt: »Ich weiß, was du durchmachst. Es ist nicht leicht. Aber wir schaffen das.« Heute haben wir uns die Hände ein wenig länger gereicht als sonst. Ich habe festgehalten. Weil ich dringend etwas sagen wollte. »Es wird diesen Tag geben, da werden wir uns die Hände geben und wissen: Ab morgen dürfen wir wieder raus zu den anderen. Ab morgen ist Normalität.« Für einen Moment war dieses Morgen, das kommen wird, mit uns am Tisch.

21:50

Heute habe ich ein paar Mal gelesen, dass es offiziell und bei Strafe verboten sein soll, über Covid (April-)

Scherze zu machen. Es war nicht klar, ob das selbst eine Scherzmeldung war. Egal. Ich erzähle keinen Scherz. Aber etwas, das ich lustig finde. Seit etwa einem halben Jahr hören wir von Erika immer wieder die gleiche Frage: »Warum ist der Jesus am Kreuz?« Sie hat Jesus im Museum gesehen, und seither beschäftigt sie sein Tod. Wir haben zig Antworten probiert. Ich frage jeden Theologen, den ich treffe, was ich antworten soll. »Weil die Soldaten sich geirrt haben«, »Weil er zu frech war«, »Weil er nicht flüchten und seine Freunde im Stich lassen wollte«, »Weil er wissen wollte, wie es ist, wenn einem etwas weh tut« ... Erika hat beharrlich weitergefragt. »Aber warum ist der Jesus am Kreuz?« Vor ein paar Tagen habe ich endlich die Antwort gefunden, die mein Kind glücklich macht. Wir sind in den Wald spaziert, zum Marterl (Bildstock). »Warum ist der Jesus am Kreuz?«, fragte Erika. Und ich wusste es plötzlich: »Damit ihn der Wind nicht davonweht«.

22:00

Apropos richtige Antwort. Zwei meiner drei Kinder wollten sehr lang gestillt werden. Bei meinem Sohn Thimo hat man mir gesagt, ich müsse ihm endlich klar sagen: »Ich will das nicht.« Dieser Satz hat so aber nie für mich gestimmt. Ich musste einen anderen finden, einen echten. Als ich (er war eineinhalb) von einem Workshop nach Hause kam, stürzte er sich auf den Busen und ich sagte wahrheitsgemäß: »Der ist jetzt leer.« Thimo nickte, verstand, sagte »lalaa« und hat nie mehr nach dem Busen verlangt. In den letzten Tagen habe ich fieberhaft nach einem Satz gesucht, der meiner Tochter klarmacht, dass ich nicht den ganzen Tag Chopin spielen will. Jetzt, abends, fand ich Klarheit: »Erika, ich hab als Mama wichtige Aufgaben. Kochen, aufräumen, Mails schreiben. Wenn ich dauernd Chopin spiele, kann ich meine Aufgaben nicht machen.« Erika hat genickt, verstanden ... und jetzt über eine Stunde damit verbracht, ihren Playmobilfiguren neue Rollen zuzuteilen. Sie heißen jetzt Vivaldi, Mama Vivaldi, Papa Vivaldi, Mozart und Chopin. Ich schaue hoffnungsfroh in den morgigen Tag.

22:10

Frieden. Nach diesem Gefühl habe ich mich heute den ganzen Tag lang gesehnt. Dabei bin ich an meine Grenzen gestoßen. Ich konnte ihn nicht charmant herbeidenken. Konnte ihn nicht mit Wortspielen locken. Konnte ihn auch nicht schreiend erzwingen. Und um ihn betteln, das hat auch nichts genützt. Wo finde ich dich, habe ich ihn jetzt gefragt, in der Hoffnung, dass er wenigstens vor dem Einschlafen noch kommt. Ich habe ihn lachen gehört. Er amüsierte sich königlich über meine Idee, dass er versteckt sein könnte. Überall ist er. Draußen im Dunkeln. Nebenan, wo mein Kind gerade die ersten Träume träumt. Im Kochtopf mit den Resten des leckeren Abendessens. Im weichwarmen Leicht meiner Daunendecke. Im Wissen, dass dieser Tag gut zu Ende geht. Und jetzt, endlich, ist er auch in mir.

Donnerstag, 2.4.

9:10

Tatsächlich. Mein Kind ist heute nach dem Frühstück (na gut: während des Frühstücks, das Vollkornbrot, das wir ihr angeboten haben, hat ihr nicht geschmeckt und Toast ist aus) sofort zu ihren Playmobilfiguren gesaust. Heute habe ich erst einmal frei, was für ein Segen. Da habe ich Zeit, mich ein wenig in meinem Bücherregal umzuschauen. Welche Titel springen mich an? Welche finde ich gerade passend? Da sehe ich: »Zeitfalle«. »Vier Kinder und ein Zeichentisch«. »Pilgern mitten im Leben«. »Ich und du«. »99 Genüsse, die man nicht kaufen kann«. »Leb wohl, Schlaraffenland«. »The World Café«. »Unglücklich sein«. »Die wiederentdeckte Kunst des Zuhörens.«

14:30

Erika ist wütend. Wütend auf Chopin und Vivaldi und Mozart. Warum? Weil die drei schon gestorben sind und nicht zu uns zu Besuch kommen können. Erika ist so wütend, dass sie den dreien etwas antun will. »Ich schmeiß den Vivaldi in den Mist.« »Ich schick den Chopin ins Pommerland.« »Ich will den Mozart verscheuchen.« Wie verscheucht man Mozart? Da hatten wir (Eltern) eine Idee. Mozart hasst Katzenmusik. Seither macht Erika mehrmals täglich (immer, wenn die Wut kommt) Katzenmusik: Sie spielt ein Stück aus ihrem Soundbilderbuch und singt dazu laut ein anderes Lied. Dann ist sie zufrieden. »So, jetzt hab ich den Mozart aber verscheucht.« Ich beneide sie um ihr magisches Denken. Ich hätte auch gern eine magische Formel, um Corona zu verscheuchen, wenigstens für ein paar Stunden, bis die Wut wiederkommt. Wenn ich nachdenke, kenne ich einige Strategien, die funktionieren: Kochen. Mittagsschlafen. In den Wald gehen. »Drabbles« schreiben. So, ich glaube, jetzt hab ich Corona fürs Erste verscheucht.

16:00

»Ich kann nicht mehr.« Das denke und dachte ich dieser Tage immer wieder einmal, beim Rollenspiel, beim Bearbeiten des Posteingangs, beim Versuch, aufzuräumen oder wenn ich zwei, drei Dinge gleichzeitig machen soll. Ich erinnere mich an eine Zeit der Erschöpfung vor zwölf Jahren. Die Wochen und Monate nach dem Tod meiner Familie. Da habe ich vor allem geschlafen. In Vorträgen sage ich oft, damals hatte ich so wenig Kraft, dass ich überhaupt keine Kraft mehr dazu verwenden konnte, mich zu verbiegen. Ich sage, dass die Trauer mich zu mir selbst kommen ließ. Ich spüre das jetzt wieder. Ich kann. Ich kann viel. Ich kann nur nicht »mehr«, als ich wirklich kann. Eigentlich gut, das wieder einmal zu spüren.

Freitag, 3.4.

12:00

Der Kindergarten meiner Tochter hat heute ein Osterfest per »Zoom« organisiert. Schon vor ein paar Tagen hat uns das Leitungsteam Infos zum Ablauf und zwei Lieder zugeschickt, die wir mit den Kindern üben konnten. Ein Begrüßungs- und ein Abschiedslied. Ich habe damit gerechnet, dass ich bei der Textzeile »... wir sagen jetzt auf Wiedersehen, weil wir auseinandergehen« Tränen verdrücken würde. Womit ich nicht gerechnet habe, war mein unbremsbares Weinen, das anfing, als ich die Betreuerin und die kleinen Freunde meiner Tochter am Bildschirm sah, und das einfach nicht mehr aufhören wollte, bis zum Schluss. Ich war nicht die Einzige, die geweint hat. Ich hätte gern nach dem Fest mit den anderen Eltern geredet. Viele von ihnen waren blass.

13:30

Ich habe ein neues Lieblingswort. Erika und ich haben es erfunden. Das Rollenspiel, in dem Erika momentan einige Themen der letzten Zeit verarbeitet, geht so: Mozart kann nicht schlafen. Er steht auf, obwohl seine Mama noch schläft. Er schleicht sich zum Klavier und spielt so lange, bis er husten muss. Dann bringt ihn seine Mama zum Arzt, der ihm in die Ohren schaut. Die Spiellogik verlangt, dass das Klavier »draußen« steht (weil es dort kalt ist). »In der Freiheit«, sagte Erika und meinte »im Freien«. So kam es, dass das Klavier, zu dem Mozart schleicht, nun »Freiheitsklavier« heißt. Im Spiel bin ich Mozart. Und immer, wenn ich auf diesem Klavier zu spielen beginne, schlägt mein Herz in wildem, wonnigem Takt.

13:50

Verrückte Ideen. Die habe ich immer wieder. Mit »verrückt« meine ich nicht: mir die Haare grün färben, eine Bank ausrauben oder drei Monate zu Fuß durch Indien pilgern. Meine Verrücktheit ist gemäßigter. Einmal, da habe ich im Auto »Palermo« ins GPS eingegeben und geschaut, wie lange die Fahrtzeit wäre. Manchmal beschließe ich an einem Montag um elf, zu IKEA zu fahren, obwohl ich nichts brauche. Und ab und zu färbe, nein: töne ich mir die Haare rotbraun. Gestern hatte ich wieder einmal so ein Verrücktheits-Gefühl. Da habe ich doch tatsächlich darüber nachgedacht, beim Billa ein Eis zu holen, und zwar mit meiner Tochter. Für einen Tag nach Wien in meine Wohnung zu fahren. Aufs Rad zu steigen und durch den Prater zu fahren. Bei meinen Eltern zu klingeln und auf Abstand mit ihnen zu plaudern. Das alles scheint mir gerade so verrückt wie eine Fahrt nach Palermo. Ganz schön verrückt.

14:00

Ich habe einen Vortrag, der handelt von dem Mut, der aus tiefer Angst erwächst. In diesem Vortrag erzähle ich von einer Erkenntnis, die ich in einer Schmerzensnacht hatte, in der ich um meinen toten Mann und meine Kinder schrie. »Das Leben kann mir alles nehmen«, begriff ich damals, »nur eines nicht: meine Fähigkeit, Schmerz zu empfinden. Meine Fähigkeit, um das zu schreien, was ich vermisse.« Worum ich schreie, worum ich weine, das sind nicht die kleinen Goodies und Annehmlichkeiten des Lebens. Nicht der Kaffee im Palmenhaus. Nicht die Schale Himbeeren, die ich schnell einkaufen gehe. Mein sehnsuchtsvoller Schrei zeigt mir klar, was ihm wirklich wichtig ist. Augenkontakt. Gespräche, Präsenz. Zeit, um ins Leere zu schauen. Zeit für Sport. Nach Corona kommt das alles auf meine Prioritätenliste. Da gehört es sowieso schon lange hin.

21:30

Heute habe ich einen meiner Unglücksfaktoren ausfindig gemacht: Ich warte. Ich komme nicht an in dieser Zeit, weil ich ja weiß, dass sie begrenzt ist und irgendwann ein Ende hat. Ich würde es mit einem Wohnungswechsel vergleichen. Müsste ich aus meiner Wohnung in ein kleines Stübchen ziehen und wäre der Wechsel auf Dauer, würde ich mir das Stübchen so schön einrichten, wie es ginge. Würde ich vorübergehend ins Stübchen ziehen, weil meine Wohnung unter Wasser steht, dann hieße meine Devise wohl eher »Augen zu und durch«. Wie drehe ich das Warten ab? Wie kann ich mir das Coronazeit-Stübchen schön machen?

21:40

Die Stübchen-Frage kann ich nicht mit Moral lösen, mit der Selbstverordnung, das Positive zu sehen. Auf so etwas reagiert mein Hirn einfach nicht und auch das Herz zeigt mir die lange Nase. Echte Lösungen kommen bei mir meistens durch die Hintertür. Hier ein Ansatz, der mir vielversprechend scheint: Ich drehe den Spieß um und stelle mir vor, Gott hätte mir vier, sechs, acht Wochen Urlaub vom ganz normalen Leben geschenkt. Ich nenne die Coronazeit jetzt einfach einmal »Paradies«. Und schaue, was zu dieser Beschreibung passt. Gar nicht wenig, stelle ich fest. Genug Schlaf, wenig Arbeit, ein

Tausender vom Staat, viel Zeit für mein Kind ... Ja, da ist auch das andere, ich übersehe es nicht. Aber wenn ich, nur zum Spiel, »Covid« als Abkürzung für »Cherubinischer Orgasmus von indifferenter Dauer« betrachte, dann schimmert mein Leben plötzlich in anderen Farben.

21:50

Wird diese Sichtweise halten? Dafür verwende ich jetzt einfach ein weiteres Lieblingswort dieser Tage. Kennen Sie das, dass Ihr Kind Sie mit etwas nachahmt, das Ihnen gar nicht bewusst war? Kennen Sie diese Wörter, die plötzlich im Sprachgebrauch Ihres Kindes auftauchen? Wörter, die Sie von irgendwo kennen (sie bemerken: von Ihnen selbst). So ein Wort ist vor ein paar Tagen aus Erikas Mund gepurzelt. Wir diskutierten: »Mama, ich will drei Kekse.« »Nein, mein Schatz, es gibt nur einen.« »Bitte, bitte!« »Nein, ich habe ›ein Keks‹ gesagt.« »Ok, Mama. Schaumamal.« Schaumamal. Schauen wir einmal. Erst jetzt merke ich, wie oft ich dieses Wort verwende. Erika hat erkannt, dass es ein Türöffnerwort ist. »Das schönste Zauberwort von allen«, lachen wir jetzt, wenn sie es verwendet. Was morgen wohl für ein Tag auf mich wartet? Keine Ahnung. Schaumamal.

22:00

Ein letzter Gedanke vor dem Schlafengehen. Mein Kind wird gern von mir getragen. Es gibt Situationen, da will ich das nicht, dann gibt es Geschrei. Es gibt andere Situationen, da geht es wirklich nicht. Zum Beispiel, wenn wir einkaufen waren (früher, vor Corona) und ich schwere Taschen trage. Dann stiefelt mein Kind stramm und groß neben mir nach Hause und sogar die drei Stockwerke zu unserer Wohnung hoch (wir haben keinen Aufzug). Corona ist ein Sack, an dem ich schwer schleppe. Der Vorteil: Vieles, was ich sonst mit mir herumtrage, muss jetzt ohne mich auskommen. Mein Übereifer. Mein Gefühl, immer noch dieses eine neue Buch lesen zu müssen, ehe ich etwas sagen darf. Mein selbst auferlegter Leistungsdruck. Werden sie mir die Arme wieder entgegenstrecken, wenn der Sack nicht mehr an meinen Schultern hängt? Ganz bestimmt. Das heißt aber nicht, dass ich sie wieder hochnehmen muss.

Samstag, 4.4.

7:00

Während ich der Sonne heute beim Aufgehen zusah (blutrot, sagt man, aber eigentlich hatte die Farbe nichts mit Blut zu tun – ich bin nicht gut in Farbmetaphern, ich finde, sie war einfach morgensonnenrot), da dachte ich über die Zeit und mein Leben nach Corona nach. Das »Danach« beginnt mir langsam zu dämmern. Und es stellt mir ein paar dringende Fragen. Worauf werde ich mich neu einstellen müssen? Was will ich freiwillig mitnehmen aus der besonderen Zeit der Isolation? Wie werde ich es verhindern, wieder in alte Schemata und Gewohnheiten zu rutschen, die mir, so erkenne ich jetzt, nicht so gut tun wie gedacht? Wie werde ich den Menschen um mich erklären, was jetzt anders ist als vorher, was ich jetzt will – und was ich nicht mehr will? Wie werde ich erklären, dass mein neues »Normal« anders aussehen soll als das von früher?

10:00

Heute Früh ist ein kleiner Vogel gegen unsere Terrassenscheibe gekracht. Gott sei Dank ist er nicht gestorben, er saß einfach nur benommen vor der Glastür und hielt still. Erika und ich haben ihn angeschaut und »Spatz, kleiner Schatz, gleich ist's wieder gut« gesungen. Der kleine verdatterte Kerl berührte mich. Er erinnerte mich an mich. Im freien, ungebremsten Flug durchs Leben und dann, »rumms«, erst einmal nichts als Verwirrung und Weh. Es dauerte mehr als fünfzehn Minuten, bis das Vögelchen begann, seinen Kopf zu bewegen. Langsam ruckelte es sich zurecht und irgendwann flog es wieder hoch hinaus. Wird es ab jetzt vorsichtiger fliegen? Ich glaube nicht.

14:00

In meiner Ausbildung zur Atempädagogin nach Ilse Middendorf haben wir zu Beginn einen Grundsatz gelernt, der den Atem betrifft: Der Atem ist das einzige Geschehen im Körper, das sowohl bewusst gesteuert werden kann als auch unbewusst und automatisch funktioniert. Die Muskeln, die dabei aktiv sind, sind beim unbewussten Atem andere als beim bewussten. Daher nützt es nichts, aktiv »anders« zu atmen. Sobald man aufhört, ans Atmen zu denken, greift doch wieder das unbewusste Muster. Die Middendorf-Arbeit zielt auf dieses unbewusste Muster ab. Sie lädt den Atem ein, auf Angebote wie Dehnung, Berührung, Bewegung zu reagieren. Sanft, offen und ohne Zwang. Man nimmt sich nichts vor. Man ist aufmerksam und nimmt wahr, worauf der Atem gerne reagiert. Ich denke nach: Was kann ich mir selbst nach Corona anbieten, um alte Muster zu verändern – achtsam, ohne Vorsatz, ohne einen Druck, der ohnehin nicht halten würde?

14:10

Ich bleibe dran. Ich habe es mir vor Jahren zum Prinzip gemacht, keine leeren, rhetorischen Fragen zu stellen, sondern Fragezeichen ernst zu nehmen. Vor allem beim Schreiben. Also: Was könnte ich mir anbieten, um automatische Lebensmuster zu verändern? Idee Nummer eins: Bei Middendorf gibt es eine simple Übung, bei der man sich hängenlässt und sich langsam wieder aufrichtet. Das fühlt sich für die Wirbelsäule wie ein Neustart an. Mich hängenlassen, dass könnte doch schon mal ein Angebot sein. Und zwar im Sinne von: »Ich lasse dich hängen« (wie: im Regen stehen). Wenn ich wieder einmal glaube, etwas geht nur so und nicht anders, wenn ich mich verbohre, wenn ich mir 17 statt drei Agenden setze, wenn ich meine, keine Zeit für ein Telefonat mit meiner Freundin zu haben, dann lasse ich die, die das behauptet, einfach hängen. Drehe ihr eine lange Nase. Und mache, was sie mir verbieten will. Freunde anrufen, Sonne tanken, leicht und lustig sein.

14:20

Angebot Nummer zwei: Das Muster umkehren. Ein paar Übungen in der Middendorf-Arbeit locken den »aufsteigenden Ausatem«. Da schwingt man zum Beispiel mit dem Oberkörper nach unten und dann wieder hoch. Gewohnheitsmäßig atmet man beim Runterschwingen eher aus und beim Hochschwingen ein. Das fühlt sich logisch an. Aber es geht auch andersrum. Das ist erst einmal komisch, weil ungewohnt. Aber wenn man sich nicht sträubt, kann es beleben und erfrischen. Und irgendwann fühlt es sich vielleicht sogar natürlicher an. Dinge machen, die sich komisch anfühlen. Dinge genau andersrum machen als gewohnt. Dinge tun, zu denen meine innere Stimme »das geht doch nicht« sagt. Und erst danach entscheiden, ob sie sich bewähren oder nicht. Diese Idee nehme ich mit ins »Danach«. Oder am besten schon in den Rest des heutigen Tages.

16:00

Ich schlafe sehr tief in diesen Tagen und träume fast nichts. Nur der Traum von meinem Onkel ist mir bewusst in Erinnerung. Sonst, seit drei Wochen, ist nachts alles schwarz und still. Jetzt, während des Mittagsschlafs, habe ich doch einmal einen Traum gehabt: Ich bin mit den Öffis in die Stadt gefahren und war frech aufgelegt. Ich wollte mir eine Maske organisieren und dann einen

Spaß damit machen. Als Clown im Krankenhaus habe ich mir früher immer eine Maske auf den Kopf gebunden, so dass sie aussah wie ein Schwesternhäubchen mit baumelnden Fäden. So wollte ich – im Traum – die Maske tragen und wenigstens mich selbst zum Lachen bringen. An der U-Bahn-Station stand ein Mann, der Masken verteilte. Ich lief hin, nahm entgegen, was er mir gab, und war enttäuscht: Es war keine Maske, sondern Klopapier.

21:30

Ein anstrengender Tag neigt sich dem Ende zu. Zum ersten Mal in diesen ganzen drei Wochen hatte ich heute ein Durcheinander im Kopf, das sich den ganzen Tag nicht auflösen ließ. Eigentlich neige ich nicht zu Grübeleien. Aber heute, da kreisten verlorene Gedankenmonde in mir, verzweifelt auf der Suche nach ihrem Planeten. Mein Hauptproblem lautet so: Ich weiß nicht, was mein Hauptproblem ist. Die Einsamkeit, die Rolle als Vollzeit-Mama, die logistischen Herausforderungen des »stay-at-home«, das alles habe ich inzwischen halbwegs im Griff. Ich werde immer besser in diesem Modus Vivendi auf Zeit. Worin sich meine Gedanken verirren, ist der Versuch, mich dem Leben nach Corona zu stellen.

21:50

Anders. Das Leben danach wird anders sein. Hört man. Sagt man. Sage ich mir selbst. Wie anders? Außen anders, weil die Wirtschaft darniederliegt, weil Sicherheiten brechen, weil die EU wackelt, weil der Staat auf mehr Überwachung setzt. Innen anders, weil es eine Weile dauern wird, bis Umarmungen wieder angstbefreit sind, bis ich mich nicht als potenzielle Gefahr für andere sehe, bis ich darauf vertraue, dass das Virus nicht wiederkommt. Außen anders, weil Rufe erschallen werden, nach Grundeinkommen, Gesundschrumpfung, neuen Gemeinschaftsformen, neuer Vermögensverteilung. Innen anders, weil ich begonnen habe, meinen Leistungsdruck, meine Vollzeit-Berufstätigkeit, mein Sicherheitsdenken infrage zu stellen.

22:00

Das Virus hat mein Leben umgebaut. Gedankt habe ich ihm dafür nicht. Zwar erkenne ich langsam die Vorzüge der von außen erzwungenen Situation (Regelmäßigkeit, Reduktion, hinschauen statt flüchten, absagen, was nicht geht), aber trotzdem sehe ich das winzige C eindeutig als Feind. Einen Feind zu haben hat Vorteile. Was nun gelingt, darf ich mir selbst zuschreiben, da darf ich stolz auf mich sein. Was nicht gelingt, was schmerzhaft ist, das kann ich getrost auf Corona schieben. Wie praktisch. Ich habe Angst vor dem »Danach«, in dem ich vielleicht selbst Veränderung anstrebe. Auf wen kann ich dann böse sein? Wem kann ich die Schuld geben, wenn es weh tut, Angst macht und nicht so gut läuft wie erhofft?

22:10

Ich probiere Sätze für die Zukunft aus. Derzeit gehen mir Entschuldigungen und Neins leicht von der Hand. Ich kann nicht alles liefern, was ich sollte, weil mein Kind mich braucht. Ich antworte zwei Wochen nicht auf Mails, weil Ausnahmezustand ist. Ich kann nicht zurückrufen, weil das Handynetz gerade instabil und überlastet ist. Jeder versteht das. Wie wird es später sein? Wie werde ich es erklären, dass ich die Entschleunigung liebgewonnen habe, dass ich gerne mal tagelang offline bin, dass mir mein Kind wichtiger ist als ein schneller Rückruf, dass ich mir mehr Zeit für mein Tagebuch nehmen will? Werde ich sagen: »Seit Corona ...«? Oder werde ich merken, dass es Erklärungen gar nicht braucht?

22:20

Damit die Monde in meinem Kopf zur Ruhe kommen, gebe ich das Mikro einem klugen Menschen in die Hand und bitte ihn, mich mit seiner Weisheit in den Schlaf zu murmeln. Die Idee, mit der ich mich in die Nacht einschiffen will, stammt von David Bohm. In seinem Buch *Dialog* erklärt er, dass die meisten Probleme, die wir haben, eigentlich keine Probleme, sondern vielmehr »Paradoxe« sind. Anders als Probleme lassen sich Paradoxe nicht lösen. Paradoxe entstehen, wenn zwei Werte in uns konkurrieren, die beide wichtig sind. Freiheit und Bindung. Muße und Schaffenskraft. Akzeptanz und Selbstwirksamkeit. Selbstverwirklichung und Dienst am Leben. Leben heißt nicht, sich zwischen Diesem und Jenem zu entscheiden. Das Leben lädt uns ein, zwischen vielen Polen zu tanzen. Ein endgültiges Ziel, ein Ankommen gibt es nicht. Richtig und falsch gibt es nicht. Es gibt immer nur die Frage: Was ist als Nächstes dran? Für jetzt: schlafen, vielleicht sogar träumen. Gut, wenigstens das mit Sicherheit zu wissen.

23:00

Die Frau aus meiner Badewanne (die Schöne mit der Stola, wissen Sie noch?) besucht mich in Gedanken. Sie hat ihr langes Haar gelöst, sitzt mit dem Rücken zu mir, sie bittet mich, sie zu frisieren und ihr einen Zopf zu flechten. Ich glätte und teile die Strähnen. Eins, zwei, drei. Das Kämmen der Haare verlangsamt mein inneres Karussell. Strähne eins: Will ich mein Leben, wie es vor Corona war, eigentlich wirklich zurück? Strähne zwei: Kann ich das Beste aus beiden Leben zu einem neuen, guten Ganzen vereinen, geht das zusammen? Strähne drei: Darf es nun eigentlich um mich und mein Glück gehen – oder geht es ab jetzt nicht vielmehr um das Wohl des Planeten und der Menschengemeinschaft? Ich flechte und flechte. Der Rhythmus beruhigt mich. Schon weiß ich nicht mehr, welche Frage an welcher Strähne hängt. Der Zopf gelingt, die Schöne sagt Danke und geht an den Strand.

Sonntag, 5.4.

11:00

Wenn ich heute auf meine Gedanken von gestern zurückschaue, werte ich sie als gutes Zeichen. Wann kann man sich den Luxus von Gedankenspielen leisten? (Auch knifflige und spaßlose Gedanken betrachte ich als Spiel, denn sie bestehen ja vor allem aus Konjunktiven, aus »So tun, als ob« und dem Ausspielen von Optionen.) Als ich mit Fieber im Bett lag, als ich verzweifelte, weil ich vergessen hatte, meinem Mann »Tomaten« auf die Einkaufsliste zu schreiben, als ich Erikas Zorn puffern musste, weil sie ihre Großeltern nicht sehen durfte, als ich über Ausgaben-Einnahmen-Rechnungen und Härtefonds-Formularen saß, habe ich nicht über das »Danach« oder über die Frage sinniert, welches Leben ich führen will. Grübeln heißt: Derzeit keine reale Gefahr. Das ist doch schon was.

11:20

Unter den Fragen von gestern war eine, die ungefähr so lautete: Kann ich das, was mir am jetzigen (Ausnahme-) Leben gefällt, in mein anderes Leben hinüberretten? Oder werde ich wieder in denselben Alltag verfallen wie früher? Entweder-oder, so fühlte es sich gestern an.

Heute Früh kam mir eine andere Perspektive in den Sinn. Mathematisch gesprochen: der größte gemeinsame Nenner. Was verbindet das Leben »davor« und das Leben jetzt? Was hat mich immer schon froh gemacht und erfüllt mich auch jetzt mit Glück? Welche Glücksressourcen konnte und kann mir nicht einmal Corona nehmen? Es gibt Glücksfaktoren, die nicht von äußeren Umständen abhängen. Auf sie will ich jetzt einmal schauen.

11:30

Erika hat heute geseufzt. »Mama, warum schaut mir im Spiegel immer nur die Erika entgegen? Es wäre so schön, wenn da einmal der Vivaldi rausschauen würde.« In Erikas Hörbuch hat Vivaldi rote Haare. Ich habe ihr also vorgeschlagen, sie als Vivaldi zu verkleiden, indem wir ihre Haare rot anmalen (mit wasserlöslichem Ölkreidestift). Das hat Spaß gemacht und Erika zufriedengestellt. Ich färbe mir meine Haare auch manchmal rot. Und weiß doch: Aus dem Spiegel schaue immer ich. Das heißt auch: Wenn ich nach einfachen, grundlegenden Glücksfaktoren suche, muss ich die finden, die wirklich zu mir gehören. Das ist gar nicht so einfach. »Einfach atmen. Mich an den Knospen erfreuen. Nachts in die Sterne schauen«? Ich bewundere Menschen, die so etwas wirklich froh und glücklich macht. Mein Glück ist ein wenig anders gebaut. Und ehe ich es schreibend erkunde, muss ich mir schwören, nichts zu nennen, das gut klingt, aber einfach nicht stimmt.

11:40

Was mich – vor und mit Corona – wirklich glücklich macht: Eine warme Dusche. Tanzen zu klassischer Musik, mit Erika am Arm. Schreiben. Schlafen gehen. Nach dem Aufwachen noch ein wenig liegen bleiben, bis der Körper von selbst aufstehen will. Losspazieren. Kuchen backen. Improvisierte Lieder singen, die nur für den Moment geboren sind und die ich gleich wieder vergesse. Menschen, die mich um Rat bitten, durchdachte Antworten geben. Schreibübungen erfinden. Meinem Kind kochen, was es sich wünscht und ihm dann beim Essen zuschauen. Ist es gut oder schlecht, dass mir gerade nicht mehr einfällt? Ich glaube, gut. Ich will mich ja nicht überfordern mit zu vielen Möglichkeiten des Glücks.

12:00

Womit ich mir vor Corona die Zeit vertrieben habe, wozu ich jetzt nicht mehr komme und was mir erstaunlicherweise gar nicht fehlt: Ratgeberbücher lesen. Zu IKEA fahren. Malutensilien shoppen, weil ich irgendwann einmal malen will. Lifehacks auf YouTube anschauen. Jeden zweiten Tag baden. Dinge lernen, die ich vielleicht einmal brauchen könnte (Self-Publishing, Grafikdesign, Drehbuchschreiben, Facebook-Marketing, Comiczeichnen). Mit meiner Tochter schnell ein Überraschungsei kaufen gehen, weil ihr zu Hause gerade langweilig ist.

Untätig und schlecht gelaunt in einer Ecke sitzen, um mich vor etwas zu drücken, das ich perfekt machen will. Wenn ich all das in Zukunft weglasse, lässt sich die Entschleunigung vielleicht einladen in mein Leben danach.

14:00
....

Zurück in die Gegenwart. Ich habe noch keine Maske. Derzeit brauche ich auch keine, ich habe unser Haus in den letzten zwei Wochen nur verlassen, um in den Wald zu gehen. Fremde Menschen habe ich in dieser Zeit gar nicht gesehen. Wenn es nach mir geht, würde ich es gern so fortführen, bis die Maskenpflicht vorüber ist. Aber ich glaube, es kommt eine Zeit, in der vieles wieder erlaubt sein wird, nur eben mit Maske. Muss ich mir also so ein Ding zulegen, bestellen, selber nähen? Auf Facebook sehe ich viele selbstgenähte Exemplare aus hübschen Stoffen. Mamas nähen Masken für ihre Kinder, aus Traktor- und Einhornstoff. Wenn ich diese Bilder sehe, möchte ich heulen. Ich will meinem Kind keine Maske aufsetzen, auch keine mit »Peppa Wutz« oder Delfinen. Und für mich selbst würde ich am liebsten reinweiß wählen. Ich mag nicht behübschen, was da von mir verlangt wird. Ich will nicht, dass meine Maske schön aussieht, denn sie zu tragen fühlt sich nicht schön an. Da hilft auch kein Lieblingsstoff. So sehe ich es heute. Vielleicht ändert sich daran noch etwas.

14:10

Apropos ändern: Noch einmal komme ich auf die Frage zurück, was nach Corona anders sein wird als vorher. Manches von dem, was sich in mir verändert hat, werde ich vielleicht gar nicht bewusst benennen können. Es wird mir natürlich erscheinen und sich so anfühlen, als wäre es eh immer schon so gewesen. Ich werde schlichtweg vergessen haben, wie es vorher war. An meiner Tochter kann ich dieses Entwicklungsphänomen ständig beobachten. Sie weiß zwar, dass sie als Baby nicht sprechen konnte, aber wie sich das angefühlt hat, weiß sie nicht mehr. Sie betrachtet ihre alten Windeln und sagt: »Die habe ich einmal gebraucht.« Aber noch einmal eine anzuziehen, das kommt ihr völlig abwegig vor. In der Badewanne schaut sie gern meinen Busen an. Nuckeln will sie daran schon lange nicht mehr, sie lacht laut über die Idee, es zu probieren. Ich bin sicher: Ich bin heute anders als ich vor drei Wochen war. Ich werde nachhaltig anders sein. Käme eine Fee vorbei, würde sie mir ein paar Dinge vorschlagen, die ich noch vor Kurzem ständig und unhinterfragt gemacht habe, vielleicht würde ich sie inzwischen auslachen wegen ihrer absurden Ideen.

22:00

Für heute habe ich offenbar ausgegrübelt. Mir fällt nichts Weltbewegendes mehr ein. Mein Lektor und Verleger hätte seine Freude mit mir, er verbietet mir (in meinen Büchern) sowieso immer die »große Philosophie« (die er »Regierungserklärungen« nennt). Ich selbst sage es auch gern in Schreibkursen: »Es reicht, zu erzählen, was geschehen ist. Ihr müsst nicht alles deuten. Geschichten sprechen öfter für sich selbst, als Ihr denkt. Und das Wesentliche liest sich am klarsten zwischen den Zeilen.«

22:10

In diesem Sinne eine Geschichte vom heutigen Tag, einfach so. In der Früh habe ich mit Erika Masken gebastelt. Chopin, Vivaldi und Mozart (natürlich). Warum Masken? Weil Marko Simsa in seinem Mozart-Hörbuch vorschlägt, man solle welche aufsetzen, um Maskenball zu spielen und Menuett zu tanzen. Sein Wunsch war uns Befehl. Menuett getanzt haben wir dann erst einmal nicht, die Masken wurden zu Puppen umfunktioniert. Erika spielte, dass sie mit ihren drei Wunderkindern in den Urlaub fährt. Dabei stieß sie auf ein Problem: »Mama, wenn ich mit dem Bobbycar fahre und meine Kinder mitnehmen will, dann fehlt mir eine Hand. Ich kann nicht drei Kinder tragen.« Stille. Nachdenken. Dann eine Erkenntnis: »Eine Spinne könnte das.« Steht da jetzt zwischen den Zeilen etwas über Corona? Ich glaube nicht. Und das gefällt mir sehr.

Montag, 6.4.

8:00

Morgenstunde. Der Himmel strahlt in sattem Grün. Die Tulpen baumeln von den Bäumen. Draußen hat es schon zweiunddreizehn Grad, zu Mittag könnten es sogar zwölfundneunzig werden. Ich habe lang in meiner Badewanne geschlafen. Jetzt bin ich aufgestanden, mit dem rechten Po zuerst. Zum Frühstück gibt es Apfelmus mit Spaghetti, dazu werden wir Nachrichten aus dem kommenden Spätherbst hören. Dann Musik, die zu uns tanzt. Ich ziehe mir meine Lieblingskleidung an: an jeden Fuß ein Auto, ein Bächlein um die Beine, obenherum eine Umarmung, Streicheln um den Hals und auf den Kopf eine weiße Taube. Und dann geh ich träumen, bis der Abend mich weckt. Verkehrte Welt? Wie schön kannst du sein!

10:00

Gut oder schlecht. Gut und schlecht. Das Gute am Schlechten. Das Schlechte, das auch gute Seiten hat. Ist Corona nun gut oder schlecht? Je länger der ungewollte Ausnahmezustand dauert, umso klarer sehe ich, welche Chancen und sogar Geschenke er mit sich bringt. Mittlerweile bezeichne ich die drei Wochen, die hinter mir liegen (und die drei, vier, zehn, die noch kommen) als Heilungszeit. Heilung passiert, weil ich nicht mehr flüchten kann. Ich muss beherzte Lösungen für meine Weh-Probleme finden. Kein Drüberschummeln mehr. Keine Kosmetik. Sollte ich Corona also dankbar sein? Noch weigere ich mich. Ich stelle mir lieber vor, dass Corona eine Schwester hat, die mich liebevoll auf dem Weg durch das düstere Zeit-Kaiserreich dieser Wochen begleitet. Sie nimmt mich ernst. Sie lehrt mich, was ich lernen muss. Und sie sagt mir, wie stolz sie auf mich ist.

10:30

Gut und schlecht, das sind im Märchen die Mütter: Die Stiefmutter, die böse und gefährlich ist. Und die liebe Mutter, die aus dem Grab, aus dem Himmel oder aus dem Haselstrauch heraus Mut schenkt und Wunder wirkt. Ich bin Aschenputtel. Corona ist die Stiefmutter, die mir fast alles verbietet. Wie Aschenputtel protestiere ich nicht. Ich füge mich, folge brav, erledige meine Aufgaben und gehe nicht raus. Aber bei dem, was mir wirklich wichtig ist, was ich wirklich will, wird mir kraftvoll geholfen. Aufgaben, die unmöglich schienen, lösen sich auf. Schlechtes sortiert sich vom Guten. Wenn ich meinen Haselstrauch besuche, fällt die Schwere von mir ab. Immer wieder tanze ich und fühle mich wohl. Noch kehre ich in die Schwere zurück, wenn eine Glocke mich mahnt. Aber ich glaube, das Glück sucht mich schon. Es wird mich finden. Und einen Schuh bei sich tragen, der mir passt.

10:50

Noch ein Märchen passt zu dieser Zeit. Im »Rumpelstilzchen« gibt es zwei böse Figuren: den König und das Rumpelstilzchen selbst. Der König verlangt Unmögliches, zuerst viel und dann jeden Tag noch mehr. Rumpelstilzchen hilft. Aber die Hilfe hat einen ganz schön hohen Preis. Corona, der unbarmherzige König. Unsere Regierung, das zwiespältige Rumpelstilzchen. Wer erlöst die Müllerin? Der Diener. Er reitet umher, schaut sich um, sperrt die Ohren auf und hört nachts am Feuer den Namen, um den es geht. In mir gibt es viele Reiter, die mir wohlgesonnen sind. Sie kommen, wenn ich verzweifelt bin. Sie sagen mir, worum es wirklich geht. Sie arbeiten nachts und kommen am Morgen zu mir. Die Lösungen, die sie mir verraten, sind nicht logisch, sondern meistens Geschenke des Zufalls. Ich weiß, dass ich mich auf meine Reiter verlassen kann. Und dass am Ende alles gut ausgeht.

14:00

Der gemeinsame Tag hat heute mit einem Lachen begonnen. Erika hat mir einen ziemlich verrückten Traum erzählt und beim Erzählen so gekichert, dass ich mitlachen musste. Ich habe mir vorgenommen, heute auf die Lachmomente zu achten und sie mir zu merken. Hier eine Auswahl: Erika spielt, ich sitze neben ihr. Als ich aufstehen und auf mein Handy schauen will, sagt sie: »Mama, bleib bei mir.« Ich: »Du merkst alles, gell?« Erika: »Ja, ich bin ein Bewegungsmelder.« Zweiter Moment: Wir sitzen beim Essen. Erika: »Hat es bei Vivaldi schon Telefone gegeben?« Ich: »Nein, die haben noch keine Telefone gehabt.« Erika: »Macht ja nix. Dann haben sie eben geskypt.« Moment Nummer drei: Ich erfinde ein Märchen über den Müller Pfuhr. Alle sagten »Müller Pfuhr« zu ihm, und deshalb hat er seine Mehlsäcke immer auf die Mülldeponie gebracht. Erika findet das tatsächlich so witzig wie ich selbst. Moment Nummer vier: Wir spielen Indianer. Und mein Mann tanzt einen sehr verrückten Indianertanz. Und jetzt, vor dem Mittagsschlaf, noch eine Runde durch den Garten. »Papa, gehen wir noch eine Runde und schauen uns die Welt an?«

14:10

Und dann gibt es die Momente, in denen ich nicht lache, in denen mir aber das Herz übergeht. Wenn mein Mädchen in Unterwäsche dasitzt und ich ihre zarten Arme sehe. Wenn sie Spaghetti in ihren Mund flutschen lässt. Wenn sie die Traubenhyazinthen im Garten einzeln begrüßt (»Hallo, Traubenhyazinthe, hallo Traubenhyazinthe, hallo ...«) Wenn sie sich zum ersten Mal ihre Socken selbst auszieht. Wenn sie mit mir aufs Klo geht, um ihren Topf zu holen und vor der Tür stehen bleibt: »Ah, ich geh lieber mit dem Papi, mit dem war ich heut noch nie.« Wenn wir dann beide andächtig neben ihr hocken, bis sie »fertig« kräht. Wenn sie ihre Mozart-Maske umarmt und sie dann mit Wollnudeln füttert. Dann könnte ich das Leben umarmen. Und umarme mein Kind, das es sich Gott sei Dank gern gefallen lässt.

18:00

So einen aufregenden Nachmittag habe ich seit über zwei Wochen nicht gehabt. Mein Kind und ich haben einen abenteuerlich verwegenen Ausflug gemacht: mit dem Auto die Waldstraße hinunter zu unserem Postkasten im Tal. Drei Kilometer, was für eine Reise! Ich sage das nicht zynisch. Es hat sich wirklich nach Reise, nach Abenteuer und nach Freiheit angefühlt. Unterwegs haben wir drei verschiedene Nachbarn getroffen. Offenbar sind derzeit alle vom Hafer gestochen. Wir haben – auf Abstand, durchs Autofenster – ein paar Neuigkeiten ausgetauscht. Ich zehre bis jetzt von diesen kleinen Plaudereien. Eine Nachbarin setzte fürs Plaudern übrigens eine selbstgenähte Maske aus Rosenstoff auf. Sie gefiel mir wirklich gut und hatte nichts Schauriges an sich.

19:30

Ein Paar, das mir am Herzen liegt, hat sich vorübergehend getrennt. So, wie es aussieht, ist die Nähe schuld, die Corona dem Paar aufgezwungen hat. Kleine Wohnung, keine Fluchttür, keine Ablenkung, wenig Übung im behutsamen Bewältigen von Konflikten, die normalerweise gut unter dem Teppich ruhen. Der Mann ist alkoholkrank. Ich weiß nicht, ob er die Trennung überleben wird. Nicht alle, die an Corona sterben, sterben am Virus selbst. Ich hoffe und bete, dass alles nicht so düster endet, wie es derzeit aussieht. Ich kann nichts tun, als Kraft zu schicken und für das Leben zu beten.

20:30

In ein paar Tagen habe ich Abgabetermin für eine Kolumne über Wunder im Alltag. Dieser Text erscheint in einer Zeitschrift Anfang Juni. Dieser Zeitsprung in die Zukunft ist immer wieder schwierig. Einmal erlebte ich im August ein Sommerwunder, über das ich schreiben wollte, und wusste nicht, ob es bei Erscheinen des Textes nicht vielleicht hier und da schon schneien würde. Einmal erlebte ich ein echtes Weihnachtswunder und konnte es nicht brauchen, weil die Ausgabe, für die ich gerade schreiben sollte, das Frühjahrsheft war. Und jetzt habe ich keine Ahnung, ob wir Anfang Juni noch etwas vom Hausarrest der Apriltage hören wollen oder ob dieses

Thema dann schon passé sein wird. Ich weiß aber auch kein Wunder, das nicht vor der Kulisse des Hausarrests spielt.

21:00

Heute kam mit der Post der Abonnement-Katalog des Wiener Konzerthauses. Da gibt es eine fünfteilige Konzertreihe für Kinder ab drei. Sie beginnt im November. Wir haben beschlossen, das Abo zu kaufen, aus zweierlei optimistischen Zukunftsgründen: Erika ist dann, so ahnen wir, alt genug für ihre ersten Konzerterfahrungen. Und Corona ist, so hoffen wir, dann weit genug entfernt. Würde ich buchen, wenn das erste Konzert im Oktober wäre? Eher ja. Würde ich buchen, wenn es im September wäre? Vielleicht nicht. Oktober ist der Monat, auf den ich hinatme. Der Hafen, der sich sicher anfühlt. Bis dahin stelle ich mein inneres Boot sicherheitshalber auf unsicheren Seegang ein.

Dienstag, 7.4.

7:30

Ich bemerke ein seltsames Phänomen: Ich schwitze nicht mehr. Doch, ich schwitze schon, wenn ich mich ins Unkrautjäten hineinsteigere oder bergauf gehe, da wird mir sogar schneller heiß als sonst, weil meine Kondition unter dem vielen Zuhausesein leidet (O Gott, ich fürchte mich jetzt schon vor der ersten Yogastunde danach und vor dem Muskelkater, der mich erwartet!). Was aber völlig verschwunden ist, sind meine Wechseljahr-Hitzeschübe. Das ist beachtenswert, denn sie begleiten mich verlässlich seit eineinhalb Jahren. Bei jedem Quietscher meiner Tochter, bei jedem Klingeln des Telefons, ständig Wallungen. Sie sind verschwunden. Hat mein Körper so viel Stress, dass er sich die Hitzeschübe nicht mehr leisten kann? Oder sinkt mein Stresslevel? Ich kann es nicht mit Sicherheit sagen, obwohl ich zur zweiten Antwort tendiere. Mit Sicherheit kann ich sagen, dass es mir guttut, dass mein Mann sei Beginn dieser seltsamen Ferien am Land die täglichen Einschlafrituale mit Erika übernommen hat. Mittags und abends. Im Bett liegen und eine Stunde lang vorlesen, das ist doch keine Arbeit, oder? Doch. Das merke ich erst jetzt, wo ich diese Aufgabe loslassen darf.

8:20

Viele meiner Freunde nutzen die Coronazeit zum Aufräumen und Ausmisten. Ich mache das nicht, und das hat drei Gründe. Erstens habe ich keine Zeit dafür, weil ich den ganzen Tag spiele. Zweitens habe ich vor der Geburt meiner Tochter radikal ausgemistet und spüre die Freiluft dieser Aktion bis heute. Und drittens: Wer, dem ein Herz in der Brust schlägt, hat es jemals zuwege gebracht, die Besitztümer eines dreijährigen Kindes auszumisten? »Nein, Mama, der Stein ist doch der Papageno, den brauche ich!!«, »Nein, ich spiele wirklich noch damit!«, »Das hat mir doch die Omi geschenkt!«, »Nicht weggeben, bitte neiiiiin!«

8:30

Und doch miste ich aus. Nicht ganz absichtlich, eher unbewusst. Meine Seele ist das Haus, das sich Raum um Raum ordnet und leert. Begonnen hat es mit dem Eingangsbereich. Schon bald war mir klar, wen ich nun herein-, also nah an mich heranlassen will und wer fürs Erste draußen bleiben muss. Als Nächstes hat sich mein inneres Büro sortiert. To-do-Listen haben sich gelüftet: Was ist wirklich wichtig, was ist jetzt zu tun? Und was muss und darf – vielleicht für immer – von der Liste der Pflichten verschwinden? Im inneren Bad, dem Ort der täglichen Rituale, hat sich auch einiges sortiert. Vieles, was ich »täglich brauchte«, ist im Müll gelandet. Ein paar Rituale habe ich neu angeschafft, sie machen sich gut in meinem Seelenbad. Meine innere Küche, der Ort, wo es um meinen Bauch geht, war auch schon dran. Was will ich wirklich? Was nährt mich – und was schmeckt mir gar nicht? Hier bin ich um einiges klarer als vor der Seelenreinigung. In den Keller wollte ich lang nicht gehen, aber auch da habe ich schon ein paar Brocken entfernt, mehr werden noch folgen, ich weiß immerhin schon, was mich da noch erwartet. Räumen tut gut. Von mir aus kann es noch eine Zeit lang weitergehen.

15:00

Heute habe ich Palatschinken gebacken. Dabei sind mir zwei Eier zu Boden gefallen, Gott sei Dank hatte ich noch zwei andere im Vorrat. Erika hat sich sofort auf den Eierschleim gestürzt. »Ein Wibbelwabbel«, hat sie gejubelt. Sie war so verzückt, dass ich es nicht übers Herz brachte, das glibberige Zeug gleich wegzuwischen. Stattdessen habe ich es vorsichtig in eine Plastikwanne übersiedelt und Erikas Ärmel hochgekrempelt. Sie hat mehr als eine halbe Stunde lang gespielt, nein: im Eischleim geschwelgt. Es war herrlich, ihr zuzuschauen. Besonders schön war, dass ich das Gefühl des Schwelgens nachvollziehen konnte. Auch ich schwelge neuerdings: im Auskosten des Mittagsschlafes. Im Ausdenken von Wochen-Menüplänen. In Träumen von einem Leben mit weniger Reisen und mehr Zeit mit meinem Kind. Ich beginne, mit meiner Zukunft zu spielen. Auch wenn sie noch ordentlich wibbelt und wabbelt.

15:20

Eine Freundin, die beruflich viel reist und derzeit zu Hause bleiben muss, hat mir vor ein paar Tagen gestanden, dass sie am liebsten nur noch daheimbleiben und ihre bisherige Arbeit an den Nagel hängen würde. Ich ertappe mich auch dabei, dass ich es zu Hause immer schöner finde und fast schon aufatme, wenn mich die nächste Seminar-Absage erreicht. Was ist denn da mit mir los? Ich liebe doch meinen Beruf. Ich vermisse die Menschen, ihre Geschichten, die leuchtenden Augen. Ich liebe die besondere Art von Mut, die nur entsteht, wenn Menschen gemeinsam Schwellen überschreiten. Gemeinsam in einer Gruppe, gemeinsam in einem Raum. Nein, ich will nicht für immer zu Hause bleiben. Auch wenn es sich gerade sehr bequem anfühlt. Noch wichtiger als alle Gemütlichkeit ist mir, das weiß ich, mein Wirken in der Welt. Vielleicht kann ich meine Reisen in Zukunft vereinfachen, entschlacken, fokussieren. Aber von der Bildfläche verschwinden, das will ich nicht. Verlockung und Wohlgefühl hin oder her.

19:00

Heute war ich – zum ersten Mal seit Corona – wandern. »Unsere« Runde, also jene Runde, die mein Mann und ich normalerweise zu zweit gehen, wenn wir Kinderbetreuung haben. Derzeit heißt es Entweder-oder. Er oder ich. Meistens er, er braucht das einfach mehr als ich, meine Beine halten es gut aus ohne Auslauf. Aber heute war ich nicht zu bremsen. Es war einfach überfällig. Ich bin losgestartet wie ein kleiner Welpe. Übermütig, lustig und unendlich frei. Am Weg ist mir kein Hauch, kein Schatten von Corona begegnet. Es war alles ganz normal. Alles voll Natur – sattgrünes Gras, Sumpfdotterblumen, Knospenbäume. Es gibt Dinge, nach denen könnte ich mich ruhig öfter sehnen.

20:00

Beim Abendessen musste ich heute mal wieder etwas klarstellen. Erika möchte neuerdings gerne, dass wir am Esstisch Geschichten erzählen. »Erzähl mir das vom lieben Augustin.« »Erzähl mir die Geschichte vom Paddington.« Heute waren Märchen dran. »Erzähl mir Hänsel und Gretel.« »Nein, mein Schatz.« »Ok, dann Rotkäppchen.« »Nein, jetzt nicht.« »Ich will die Geschichte von Schneewittchen hören.« Ich seufzte, dass ich beim Essen keine Geschichtenbox sein will. »Ich möchte, dass wir beim Essen miteinander plaudern«, erklärte ich ihr.

»Was ist plaudern?« Puh, gute Frage. »Na, da redet man einfach so miteinander.« »Ok, Mama. Dann plauder mit mir über ... Schneewittchen, ok?«

Mittwoch, 8.4.

7:30

»Theory U«. So heißt ein 526 Seiten dickes Buch von Claus Otto Scharmer. Diese Theorie hat vor etwa sieben Jahren meinen Blick auf das Wesen echter Veränderung fundamental verändert. Heute Früh wurde mir schlagartig klar, dass Corona mich in einen prototypischen U-Prozess gestoßen hat. Der Versuch, das U in einem kurzen Text zu erklären, kann nur scheitern. Oder? In aller Kürze: Veränderung passiert nicht, wenn wir nur hervorkramen, was wir eh schon wissen bzw. zu wissen glauben. Das U zeigt uns die Schritte echter Veränderung: wirklich hinschauen. Gefühle als Wegweiser nutzen. Das Ganze betrachten, statt an Einzelteilen herumzuzerren. Parallel dazu passieren Öffnungsprozesse: eine Öffnung des Denkens, des Fühlens und des Wollens. So weit die linke Seite des U-Weges. Unten im Bogen angekommen, ist erst einmal Stille. Lauschen und hören: »Was ruft? Was spricht mich an?« Da bin ich gerade. Die rechte Seite des U wartet noch auf mich.

8:00

Die Bastellaune ist in mich gefahren. Ich glaube, das liegt daran, dass ich so viel Zeit mit meinem Kind verbringe. Ich selbst habe als Kind ständig gebastelt, ich sage oft, ich hatte eine Kindheit aus Papier. Wenn ich meinen Vater samstags in die Arbeit (bei IBM) begleiten durfte, musste er mich nur in den riesigen Papierabfall-Container im Druckerraum setzen (der war für mich so groß wie ein Kinderzimmer) und mich ein paar Stunden später wieder abholen. Gestern habe ich mit Erika Kieselsteine gesammelt und spürte eine Heißhungerattacke. So eine wie nach Schokolade, wenn keine zu Hause ist. Oder nach Kaffee, wenn die Bohnen ausgegangen sind. Mein Hunger galt aber gestern keiner Speise. Ich verspürte vielmehr das dringende, unstillbare Bedürfnis, hier und jetzt Steine zu bemalen. Einen, zwei, hundert. Nur leider habe ich keine Farben vorrätig.

8:20
....

Jetzt habe ich Acrylstifte, Farben und Pinsel bestellt. Ich gebe es zu: Ich war auf der bösen Seite. Dort fand ich sofort, was ich suchte, als ich »Stifte Steine bemalen« eingab. Zwei Minuten später war der Einkaufswagen bestückt: Zwölf Tuben Acrylfarben, ein kleines Pinselset und eine Packung mit Acrylstiften. Fast hätte ich auf »Bestellen« geklickt. Da ist, blitzgleich, das schlechte Gewissen in mich gefahren. »Kaufe regional, gerade jetzt!«, hat es gezischt. Sofort habe ich die Homepage meines liebsten Wiener Bastelgeschäfts geöffnet. Dort stand leider nichts von Corona und nichts von Lieferservice.

Also doch Amazon? Nein, es gibt ja auch noch Boesner, die haben einen Onlineshop. Pinsel und Farbtuben fand ich dort. Acrylstifte nicht. Ich wählte einen Kompromiss. Nur die Stifte über den »Gottseibeiuns«, den Rest lokal. Klick, klick, erledigt. Es fühlte sich leider nicht gut an. Ich gab mir einen Ruck. Rief bei boesner an, fragte persönlich nach Stiften, wurde gut beraten, fügte die Stifte der Bestellung hinzu und stornierte die Bestellung bei der No-Go-GmbH.

12:00

Der kleine Ruck, der Anruf beim lokalen Geschäft, klingt noch immer in mir nach. Darf ich stolz auf mich sein? Eigentlich nicht, denke ich, denn was habe ich denn schon Großes getan? Ist es denn ein Grund, sich selbst zu loben, wenn man einfach nur ein bisschen richtiger gehandelt hat als die Bequemlichkeit und die Gewohnheit es haben wollten? Stolz ist vielleicht nicht das richtige Wort. Aber ich habe trotzdem ein Gut-Gefühl. Und vor allem eine Vorfreude auf weitere Rucks. Ich stelle mir vor, dass ich ab jetzt oft ruckeln werde. Bei jeder Gelegenheit. Ich stelle mir weiter vor, dass die Weltbewegung nach Corona aus lauter kleinen Rucks bestehen könnte. Und dass wir uns so in ein Leben hineinruckeln, das uns mit Freude und Stolz erfüllt.

14:00 ....

Erika spielte heute mit ihrem Holzzug, den sie als Baby bekommen hat und der seit etwa zwei Jahren unbeachtet in einem Sack im Keller lag. Heute kam er ihr gerade recht. Beim Spielen sagte sie: »Mama, das ist ein Maturzug.« Ich fragte nach: »Meinst Du ›Naturzug‹?« »Nein, Mmmmaturzug.« »Was ist ein Maturzug?« »Das ist, wenn der Himmel Wolken bekommt und es ganz nebelig wird und die ganze Welt sich zusammenwegt.« Aha, alles klar. Ich fragte nicht weiter. Meine Tochter wusste offenbar, wovon sie sprach, das war mir genug. Wird es uns auch so gehen, nach Corona? Werden wir einander von unseren Erlebnissen erzählen, davon, was wir erkannt haben und was wir künftig wollen? Werden wir selber ganz genau wissen, was wir meinen, und andere, für die die Coronazeit anders war, vor unlösbare Rätsel stellen?

14:10 ....

Es kommt mir gerade komisch vor, auch einmal übers Geschäft zu reden. Mein Beruf spielt ja derzeit auch wirklich keine Hauptrolle. Und doch bin ich nicht ganz untätig. Vor zwei Wochen habe ich spontan ein Projekt begonnen, einen Online-Schreibkurs mit Impulsen, die durch die Coronazeit führen und gut ins »Danach«. Ich habe mir vorher kein fertiges Konzept zurechtgelegt. Der Kurs wächst, während meine Teilnehmer schreiben. Alles, was ich in diesem Kurs schreibe und anbiete, macht mir riesige Freude. Seltsam: Es gibt einen anderen Onlinekurs, einen zum literarisch-biographischen Schreiben, den ich seit zwei Jahren gestalten will und der bis heute in der Wunsch- und Traumzone festhängt. Warum? Weil ich ihn perfekt machen will. Weil ich mit meinem Wissen und Können beeindrucken wollte. Der Coronakurs entstand, weil ich Menschen helfen wollte. Es reichte mir, gut genug zu sein. Könnte ich diese Haltung nicht auch auf den anderen Kurs übertragen? Ist es nicht viel schöner, zu dienen und zu helfen, wo man kann, als Wissensmuskeln spielen zu lassen?

21:00

Noch ein Thema, über das ich noch kaum gesprochen habe: Essen. Der erste Einkaufsplan, den ich erstellt habe (als wir hörten, dass der Hausarrest wahrscheinlich kommen würde), war eine Katastrophe. Mein Mann vertraut mir blind, was Kulinarik angeht, und kaufte ohne Widerrede die fünf Kilo Mehl, sechs Dosen Tomaten, sechs Liter Sojamilch, jede Menge Nudeln und reichlich Dosenkompott. Dass ich uns damit zwar vor dem Verhungern retten könnte, aber keine Mahlzeit zustande bringen würde, die uns oder gar unserem Mädchen schmeckt, wurde mir erst klar, als alles in Kühlschrank und Schränken verstaut war. Die zweite Liste, die mit dem fehlenden Zeug, war dringend nötig. Inzwischen bin ich nicht nur besser im Planen, ich bin fast schon Profi. Beim gestrigen Einkauf Nummer fünf habe ich erstmals sogar an Schokolade gedacht.

21:30

Apropos Schokolade. »Eine Tafel Milka Noisette« habe ich auf die Liste geschrieben. Und dann gab es genau die Sorte Noisette nur im Fünferpack. Jetzt ist mein Vorrat also von null auf hundert angewachsen. Ich muss mir das gut einteilen. Ich lebe derzeit ohne Waage und hatte bisher alles gut im Griff. Seit ein paar Tagen meide ich jedoch meine Jeans. Das regelmäßige Leben, das wir derzeit führen, besteht als allerlei Ritualen, die sich nach und nach fanden und schon zur lieben Gewohnheit wurden. Essen ist dabei sehr wichtig, es gibt Struktur und Halt. Seit meinem Geburtstag ist eine Mahlzeit dazugekommen: die Torte nach Erikas Mittagsschlaf. Seit gestern ist die Torte weg, ich habe gleich eine neue gebacken. Jetzt kommt noch das (oder die) Stück Schokolade zum Vormittagskaffee dazu. Und das Häferlgucken und Restenaschen vor dem Schlafengehen. Gewohnheiten sind schön. Und tückisch. Viele Vor-Corona-Gewohnheiten habe ich in meinem normalen Leben zurückgelassen. Die neuen könnten auch schon wieder eine Überprüfung brauchen.

22:00

Als Erika heute durch den Garten gestiefelt ist, um mir beim Einpflanzen des Salats im Hochbeet zu helfen, konnte ich plötzlich sehen, wie sehr sie in den letzten Wochen gereift und gewachsen ist. Das ist ja gar nicht so einfach zu erkennen, wenn man ein Kind ständig bei sich hat. Aber heute im Garten, da habe ich es wirklich gesehen. Ich dachte daran, wie es wohl für meine Eltern und für Erikas andere Betreuungspersonen sein wird, wenn sie Erika wiedersehen. »Gott, bist du groß geworden!«, diesen Satz wird mein Kind bestimmt oft hören. Ich dachte noch weiter. Auch ich bin in den letzten drei Wochen gereift und gewachsen. Ich stelle mir vor, wie mein altes Selbst meinem neuen begegnen wird, in altvertrauter Umgebung, wieder daheim im normalen Leben. »Gott, bist du groß geworden!« Ich kann mir vorstellen, dass ich es hier und da sehe. Ich will es mir gern selber sagen.

Gott, bist du groß geworden!

Donnerstag, 9.4.

6:30

Was werde ich heute anziehen? Diese Frage hat sich in den letzten Wochen auf »rosa, grau oder blau« reduziert. Ich habe drei Lieblingsoutfits. Nein, keine Outfits. Infits, das ist das Wort der Zeit. (Ich habe es gerade erfunden, vielleicht kann ich es ja an irgendeinen Modeguru verkaufen?). Ich trage Tunikakleider mit Leggins, die sind bequem und weit und schmeichelschön. Es gibt normalerweise nur drei Orte im Außen, an die ich ab und zu mit meinem Hausgewand gehe: die Wohnung meiner Eltern, mein liebstes Mittagslokal und der Supermarkt ums Eck. Warum eigentlich, frage ich mich heute. Und denke voll Neugier und Liebe an uns alle, wie wir gerade ungebügelt, ungeschminkt und ohne echte Frisur in unseren Lieblingsschmeichelkleidern durch unsere Tage schwimmen. Wir sollten eine Nach-Coronazeit ausrufen: Eine Woche lang zeigen wir uns so, wie wir in unseren Höhlen ausgesehen haben. Und dann entscheiden wir uns, wie es weitergeht. »Dresscode Corona«, vielleicht führe ich den künftig für manche meiner Seminare ein.

7:00

Gestern habe ich mit meinem Mann über den Herbst geredet. Dabei ging es natürlich nicht um Weintrauben und fallende Blätter, sondern um die Frage, wie es da wohl mit unserer Arbeit aussehen wird. Er wird im Herbst wieder auf der Bühne stehen. Ich dachte bis gestern, dass ich spätestens ab Oktober wie gewohnt reisen werde. Mein Terminplan für Herbst ist ziemlich voll und führt mich nach Deutschland, in die Schweiz und hin und her durch Österreich. Seit gestern weiß ich, dass ich zumindest den ersten Teil des letzten Satzes in den Konjunktiv übersetzen muss: »Wäre voll gewesen« und »hätte mich nach Deutschland und in die Schweiz geführt«. Mein Mann ist mein Nachrichtensender. Ohne ihn weiß ich nichts. Jetzt weiß ich: Ländergrenzen könnten dicht bleiben, bis ein Impfstoff gefunden ist.

7:10

Was die fortdauernde Grenzsperre für mich, meine Arbeit und mein Konto bedeutet, muss ich mir erst näher anschauen. Ich ahne Schreckliches. Ich ahne aber auch eine Chance. Ich habe mir immer schon gerne neue Arbeitsfelder erschlossen, bisher haben sie verlässlich zu einer Drängelei in meinem Kalender geführt, weil ich das Alte ja auch behalten wollte. Jetzt putzt Corona aus. Was den Wegfall von Terminen angeht, stelle ich fest:

Um manches tut es mir nicht leid. Bei ein, zwei Terminen bin ich sogar froh, dass sie entfallen, weil sie mich reisebedingt an die Grenzen meiner Leistungsfähigkeit gebracht hätten. Um andere Termine jedoch würde ich gern laut kreischen und mit Corona raufen. Da fühle ich mich gerade wie meine Tochter, wenn ich ihr ein Spielzeug wegnehmen will (soll heißen: einen Stein wieder in den Garten tragen oder ein uraltes, nie benutztes Stofftier ins Nachbarschaftszentrum bringen). Wieder einmal zeigt mir Corona, was mir wirklich wichtig ist. Und was die künftige Zu- oder Absage von Anfragen betrifft, werde ich einen Corona-Test einführen: Würde ich bitterlich um sie weinen, wenn sie abgesagt würden?

13:30

Meine Tochter hat heute mit ihren Playmobilfiguren gespielt. Dabei habe ich folgenden Gedankengang aus ihrem Selbstgespräch aufgeschnappt: »Dieses Kind ist schon groß, aber es braucht trotzdem noch ein Topfi. Das wundert mich. Das ist ein Wunder. Ha, ein Wunderkind!« Wow. Seit acht Jahren schreibe ich regelmäßig Kolumnen über Wunder. Da kommt mein Kind und reißt meine bisherige Definition von »Wunder« mit vier einfachen Sätzen auf wie der Heiland den Himmel. Wunder waren für mich insgeheim immer »besser« als das Normale. Dazu hätte die Tatsache, dass ein großes Kind noch ein Töpfchen braucht, nicht unbedingt gehört. Was ist der größere Rahmen, in den dieses Wunder passt? Ich habe nachgedacht. Das Wunder ist, dass es auch so ein Kind gibt und geben darf. Dass es überhaupt alles gibt, was es gibt. Dass alles ... nein, nicht gut oder besser ist, sondern dass es überhaupt existiert. Insofern ist auch Corona ein Wunder. Nicht, weil es doch gut ist – oder sich irgendwann als gut erweisen wird. Sondern weil es ist. Und damit Teil des riesigen undurchschaubaren Gefüges ist, das sich Welt und Leben nennt.

13:50

Es gibt Stunden, inzwischen sogar Tage, da habe ich das Gefühl, ich befinde mich im Paradies. Langsamkeit, Zeit zum Spielen, gutes Essen, kein Arbeitsstress, ausreichend Schlaf. Das alles koste ich aus. Und doch fehlt mir manches, das gerade nicht geht. Kino und Auszeit mit meinem Mann, Besuche bei meinen Eltern und bei Freundinnen, die persönliche Arbeit mit Menschen. Zu Beginn der Ausnahmezeit hätte ich gesagt: Ich leide unter dem abrupten Rollenwechsel. Von der berufstätigen Frau mit Kind zur Vollzeit-Mutter. Von der Frau, die privat und beruflich gerne Erwachsenengespräche führt, zur hauptberuflichen Kleinkindpädagogin. Von der Schriftstellerin zur Hausfrau und Köchin. Mittlerweile habe ich meine neuen Rollen liebgewonnen. Wenn ich mir vorstelle, dass ich sie nach Corona wieder abgeben muss, wird mir weh ums Herz. Ich brauche ein anderes

Bild als das der Rollen, sie klingen zu sehr nach Entweder-oder. Das Bild der Saite fällt mir ein: Die Musik meines Lebens ist vielsaitig. Ein paar Saiten sind neuerdings dazugekommen. Vielleicht spiele ich in Zukunft einfach vielstimmiger als bisher?

14:00

Ein Lied von Herman van Veen geht mir heute durch den Kopf. Es hilft mir, der schwierigen Frage, was denn nun schöner ist (Corona oder Normalität), etwas entgegenzuhalten. »Du bist schön, nicht schöner, du bist anders schön«, singt van Veen. Und genau das entspricht meinem derzeitigen Erleben. Anders schön. Nicht von Anfang an schön, aber doch immer mehr. Nicht schöner als mein altes Leben. Nicht schöner als irgendetwas. Aber auch, ganz anders schön. Ich will mir dieses Lied mitnehmen in die Zeit danach. Wenn ich mich dabei ertappe, dass ich den Vorzügen der Coronazeit nachtrauere, möchte ich mich daran erinnern, dass mich niemand daran hindert, mein Leben anders zu gestalten. Nicht schön wie früher. Nicht schön wie jetzt. Sondern immer wieder: anders. Anders schön.

15:00

Immer wieder höre und lese ich von der Angst, dass gewisse Reflexe aus der Coronazeit erhalten bleiben könnten, insbesondere der Reflex, auf Abstand zu gehen und Berührung, Umarmung und Nähe zu vermeiden. Ich selbst habe ja auch schon über diese Sorge (und die bestätigenden Berichte aus China) geschrieben. Ich hoffe, dass es nicht so kommen wird. Andererseits bemerke ich ein paar Reflexe, die ich mir neu angewöhnt habe und die ich eigentlich ganz gerne behalten würde: das Hinterfragen spontaner Einkäufe. Die grundsätzliche Frage: »Brauche ich das wirklich?«. Das schnelle Versöhnen, der Verzicht auf Rechthaberei. Rechtzeitig zu bitten, statt still enttäuscht zu sein. In den Wald gehen, statt ins Auto zu steigen. Das alles wird mir gerade zur neuen Natur. Ich wünsche mir, dass sie hält.

Freitag, 10.4.

14:00

»Heute gehen mir die Worte aus. Kann man auch mit Worten fasten?«, hat eine Schreibkollegin heute in meiner Online-Schreibgruppe gefragt. Ich freute mich, als ich diese zwei Sätze las, da fühlte ich mich gleich weniger allein. Auch aus mir wollen heute keine Worte kommen. Schon seit gestern schweigen sie still. Ich könnte ja einfach einmal schreibfasten. Ja, gestern Abend hat das gepasst, da war die Stille satt und sonnenaufgetankt. Heute ist sie anders, heute quält sie mich. Heute ist die Stille da, weil ich mir das Schreien verbiete. Heute geht es mir gar nicht gut. Ich pflücke mir ein »b« vom Erlaubnisbaum. Ich schreie nicht. Aber ich beginne zu schreiben.

14:10

Mein Grundgefühl ist heute das der Anklage. Die ganze Zeit gehen mir Beschwerdegedanken durch den Kopf. Ich schimpfe mit irgendwas, mit irgendwem. Formuliere Reklamationsschreiben, die klar und entschieden die Rücknahme der gelieferten Ware fordern. Corona entspricht doch nicht meinen Wünschen. Es weist schwere Mängel auf. Es entspricht nicht dem, was ich mir erwartet habe. Es produziert Kurzschlüsse, enthält Schwermetalle, lässt sich nicht zu einem Ganzen zusammenbauen, ist optisch nicht ansprechend. Außerdem fehlt die Bedienungsanleitung. Wohin könnte ich meine Beschwerde schicken? Vielleicht hätte der Lieferant eine gute Nachricht für mich und würde mich aufklären, dass nur ein paar Teile fehlen, die in ein paar Tagen nachgeliefert werden, sodass das Produkt funktioniert. Bis ich diese Nachricht bekomme, bleibe ich dabei. Ich will mein Geld – und mein Leben – zurück.

14:30

Warum geht es mir heute so mies? In den letzten Tagen hat es doch so ausgesehen, als hätte ich das, was gerade los ist, endlich lieb gewonnen. Tatsächlich habe ich vorgestern »Das wäre nicht schlecht« gesagt, als meine Tochter fragte, ob die Coronaferien nicht noch zwanzig Jahre dauern könnten. Ich war mehr mit der Angst beschäftigt, dass das alte Leben wieder zurückwill, als mit dem Status Quo. Vielleicht ist es der Frühling, der mir heute zu schaffen macht. Nicht der im Außen, der mich, schlechte Laune hin oder her, mit Blumenpracht, Wärme und Gartenagenden beglückt. Was mich quält, ist der innere Frühling, der nicht ausbrechen darf. Aus meinen Adern schießt Kraft, Lebenskraft, Gestaltungskraft, Schreibkraft, Beziehungskraft, Kraft, die helfen will, Kraft, die arbeiten will, Kraft, die Neues erleben will und weit nach draußen drängt. Corona zwingt mich, diese Kraft zu bändigen. Ich fühle mich so, als müsste ich die Knospen am Austreiben hindern. Als müsste ich alles, was treibt, zurückstopfen, an allen Ästen, Stängeln und Enden zugleich. Das übersteigt meine Kräfte. Das macht mich ganz wild. Den Frühling aufhalten? Wie soll das nur gut gehen, wie soll das nur gelingen?

14:40

Vielleicht ist der Grund für meine Verzweiflung aber auch ganz banal. Der Rhythmus, den wir seit drei Wochen gefunden und gepflegt haben, jener Rhythmus, der uns körperlich zur Erholung kommen ließ, wurde gestern unterbrochen. Unser Mädchen konnte mittags nicht einschlafen, war am Nachmittag grantig, schlief schlecht in dieser Nacht, wachte zu früh auf und war heute Vormittag nicht die Einzige, deren Laune nicht in Höchstform war. Vielleicht habe ich doch keine spirituelle Krise. Vielleicht hat sich auch nicht das ganze Universum gegen mich verschworen. Vielleicht wird mir nur gerade klar, was das schönste Geschenk war, das Corona mir bisher, zumindest bis gestern, geschenkt hat: ausreichend Schlaf, so viel, dass ich wirklich ausgeruht war.

22:00

Ich will den Tag nicht düster zu Ende gehen lassen. Obwohl er sich nicht fundamental erholt hat. Immerhin, der Beschwerdezorn des Vormittags hat sich gelegt, weil er ohnehin nichts bringt. Ich habe mich dem Tag ergeben, habe nichts mehr von ihm erwartet. So sind wir letztlich ganz gut miteinander ausgekommen, er und ich. Er hat mich nicht weiter enttäuscht. Und ich habe ihm keine Vorwürfe mehr gemacht, er kann ja auch nichts dafür, dass er ausgerechnet in diesem seltsamen April gelandet ist, in dem so vieles nicht stimmt. Um mich zu erheitern, habe ich mir (im Auto, auf dem Weg zum Postkasten, diese Spritztour habe ich mir heute wieder gegönnt) etwas ausgedacht. Ich werde mir ein Zeugnis ausstellen für die Zeit bisher. Ich glaube, ich bekomme ziemlich viele gute Noten.

22:20

Mein Corona-Semester-(oder Trimester?)-Zeugnis: Hingabe: befriedigend. Kreative Bewältigungsformen: sehr gut. Struktur und Verlässlichkeit: sehr gut. Kulinarik: ausgezeichnet. Formulieren von Bedürfnissen: gut bis befriedigend. Abgrenzung: gut. Authentisches Empfinden: sehr gut. Bereitschaft zur Selbstschau: sehr gut. Spiel: befriedigend. Spaß: mangelhaft. Bewegung: ungenügend. Annehmen von Hilfe: noch in Entwicklung, derzeit knapp genügend. Pflichterfüllung: (zu) gut. Bereitschaft zur Anpassung: sehr gut. Nachrichtenstudium: mangelhaft, aber fast ausreichend. Literaturstudium (Schwerpunkt Bilderbücher): ausgezeichnet. Projektarbeit Gartengestaltung: befriedigend. Freifach Rollenspiel: teilgenommen. Freifach Musikgeschichte und Gesang: mit hohem Engagement teilgenommen. Betragen: gut. Gesamteindruck: bislang zufriedenstellend.

Samstag, 11.4.

22:30

Heute habe ich zum ersten Mal keinen Eintrag in meinen Blog geschrieben. Ich war so zufrieden mit mir und der Welt, dass es einfach keine Worte gebraucht hat. Kuchen backen, Steuerbelege sortieren, kochen, dazwischen lachend Chinesisch reden (Erika ist der Wunderkind-Phase entstiegen und will jetzt »Schingschong Wong« aus einem Bilder ... äh: Bildelbuch spielen).

> Unser liebstes, selbst erfundenes Wortspiel:
> »Ich will mehl.«
> »Mehl? Hier, bitte.«
> »Nein, ich will mehl Schokolade.«
> »Mehlschokolade? Die gibt es doch nicht.«
> »Nein! Kann ich bitte noch Schokolade haben?«
> »Ach sooo, du wolltest mehr Schokolade!«

Sonntag, 12.4.

8:00

Wie ist er wohl wirklich auferstanden? Das beschäftigt mich heute schon den ganzen Tag. Nein, ich meine nicht, ob die ganze Sache wahr oder erfunden ist. Ich meine auch nicht, ob ich die Auferstehung Jesu physisch oder als Metapher verstehen soll. Sondern ich frage mich etwas viel Konkreteres: Wie, in welcher Haltung, in welchem Zustand ist Jesus wohl seinem Grab entstiegen? Was hat er gemacht, nachdem der Stein zur Seite geschoben war? Ist er gleich stramm nach Galiläa losmarschiert? Oder hat er sich erst einmal hingesetzt, um in die Sterne zu schauen? War er strahlendweiß, dem Engel gleich? Oder fühlte er sich ungelenk und aus der Form? Hatte er es eilig? Oder ging er mit wacklig zittrigen Beinen los, um sich zu erfrischen und durchzuschütteln, ehe er sich seinen Jüngern zeigte? Ich stelle mir heute vor, dass Jesus etwas knautschig und verstaubt aus der steinernen Höhle kam. Ich denke mir, dass er sich gut Zeit genommen hat. Zeit, um seinen neuen Zustand zu realisieren. Zeit, um sich auf das einzustimmen, was nach dem Grab noch auf ihn wartete. Müde vom Totsein, so sehe ich Jesus vor mir. So, meine ich, hat er sich auf den Weg gemacht. Ich fühle mich wohl mit diesem Bild, mit einem Jesus, der ohne Glorienschein, langsam und in aller Ruhe seine Höhle verlässt, ruht und dann langsam losgeht, in ein Leben, das mehr als Leben ist. Ich fühle mich mit diesem Bild verbunden und verwandt. Denn es hat etwas mit mir zu tun. In ein paar Wochen, da wird es auch für mich so weit sein. Ich werde meine Gruft auf Zeit verlassen, die Türe öffnen und nach draußen gehen. Ich werde es gemächlich angehen. Vielleicht werde ich zittrige Beine haben, und das wird in Ordnung sein. Ich habe nicht den Anspruch, gleich hellweiß zu leuchten, lachend zu hüpfen oder vor Freude sofort in den Himmel zu fahren. Es wird mir reichen, dass die Steine, die mich belasten und vom Leben trennen, zur Seite geschoben sind. Der Rest, da bin ich sicher, wird sich im Gehen ergeben. Im Stehenbleiben. Und in Gesprächen mit Menschen am Weg.

8:15

Vielleicht geht es, für heute, erst einmal wortlos weiter. Ich spiele seit gestern mit dem Gedanken, den Blog zu beenden. Vielleicht liegt es am Sonntag. Sonntag ist in meinen Seminaren immer der Abschiedstag. Donnerstag oder Freitag ist meist der Beginn, aufgeregt, tastend. Abends staunen wir, was schon alles geschehen und gelungen ist. Die Tage zwischen Anfang und Ende sind Eintauchtage, da gehen wir von der Leichtigkeit in die Hingabe, in die Auseinandersetzung mit Aufgaben, die gerade im rechten Maß fordern, in eine »Mühe, die sich lohnt« (so nenne ich das). Da begleiten uns zwei

Fragen: »Kannst du Beispiele nennen?« und »Wie war/ist das konkret?« Wir tauchen ins Leben ein, baden im See des Erinnerten und Erlebten. Der Einstieg in den See ist oft mit Zögern und Widerstand verbunden, aber wenn man einmal drin ist, schwimmt es sich herrlich. Samstagabend lesen wir einander vor. Und dann der Sonntag: Erntetag. Wir wissen nun, was wir können, und wir spielen mit dem Material. Lernen noch ein paar Zuckerstreusel-Techniken. Phantasie, Humor und Träumerei stehen auf dem Programm. Natürlich noch ein Gruppenfoto. Natürlich noch die Frage: Wie kann es weitergehen, wann sehen wir uns wieder? Es gibt immer die Möglichkeit für ein Wiedersehen, immer einen nächsten Schritt. Aber es gibt eben auch den Abschied. Die Umarmungen. Das »Danke für alles«, das »Es war wunderschön.« Und die Ruhe danach. Ich packe meine Sachen zusammen. Dann setze ich mich ins Café, schreibe auf, was in der Stille noch zu mir spricht, verfasse ein Resümee. Ich gehe zum Auto, tanke voll. Und mache mich, dankbar und erfüllt, auf den Weg in die andere Welt, die zu Hause heißt.

8:30

Tatsächlich: Es sind die guten Abschiede, nach denen ich mich im Moment am meisten sehne. Damit weiß ich endlich, was mich in den letzten Tagen belastet hat. Danke, lieber Reiter, dass Du das Rumpelstilzchen entdeckt und seinen Namen herausgefunden hast. Wie sieht es in der Onlinewelt eigentlich mit Abschieden aus? Und, vor allem, wie kann man sich sagen: »Wir sehen uns wieder«? Online ist flüchtig. Stete Präsenz ist gefragt, um nicht in Vergessenheit zu geraten. Darf ich einen Tag lang, zwei Tage, eine Woche lang nicht schreiben? Wird mich danach noch irgendjemand lesen wollen? Diese Angst sitzt mir hämmernd im Nacken. Weiterschreiben, dableiben, immer noch mehr (schon wieder Rumpelstilzchen). Aufhören hieße, in Vergessenheit zu geraten. So fühlte es sich bis gestern an. Heute, am Sonntag, denke ich: Nein. Es geht um einen guten Abschied. Ich will euch umarmen. Will dem nachsinnen, was bisher geschah. Will das, was ich mir erschrieben habe, wirken lassen und zu neuen inneren Quellen wandern. Bis bald also, bis bald. Und danke für alles bisher.

Epilog

Wir schreiben Ende August 2020.

Ein ganzer Sommer liegt hinter uns. Es war ein Sommer, der sich für mich tatsächlich so gut wie normal angefühlt hat. Ein gütiger Sommer, der mich mit erträglicher Hitze und die Natur mit ausreichend Regen verwöhnte und nichts, was in seiner Macht stand, zu wünschen übrigließ.

Noch wartet der Herbst hinter den Brombeerbüschen, noch trage ich kurze Ärmel, sogar morgens, wenn ich vor dem Frühstück schnell Milch holen gehe. Ganz nach Plan hat der Kindergarten meiner Tochter gestern wieder begonnen, meine Tochter geht jetzt ins »große Haus«, jene Abteilung für die Kinder ab drei.

Ja, sie gehört jetzt wirklich zu den Großen, man sieht es ihr an.

Für sie ist Corona, im Moment, kaum mehr als eine bereits verblasste Erinnerung. Als Ende Juli die Maskenpflicht wieder eingeführt wurde und ich mir mein blaues Tüchlein umband, ehe ich den Einkaufswagen in den Supermarkt schob, lachte Erika, als würde ich blödeln. »Mama, es ist doch kein Corona mehr.« »Ja, schon, aber sicher ist sicher«, antwortete ich. Und wusste nicht, wie ich ihr den Rest erklären sollte.

Wie schreibt man einen Epilog, eine Zusammenfassung, ein Resümee, wenn vielleicht noch gar nichts zu Ende ist? Wie macht man sich auf die Suche nach einem

Ergebnis, wenn man noch gar nicht dazu gekommen ist, richtig durchzuatmen und die Spannung zu lösen?

Noch sitzen wir im Corona-Boot. Mein Mann, meine Tochter, meine Eltern, meine Freunde, der Kindergarten, die ganze Welt. Noch sind wir nicht dabei, aufzuräumen und zu evaluieren, sondern immer noch mit dem beschäftigt, was morgen vielleicht (wieder) kommt. Wenn dieses Buch in ein paar Wochen erscheint, wird der nächste Lockdown bereits beschlossen sein? Oder werde ich in die Schweiz fahren dürfen, um mit meinem Verleger ein Glas zu heben? Werden Lesungen möglich sein? Oder werde ich wieder, nein: inzwischen nicht mehr Chopin und Vivaldi, sondern Daedalus und Ikarus spielen und am Land bleiben müssen, bis die ersten Schneeflocken des neuen Winters vom Himmel fallen?

Ich weiß es nicht. Das ist die einzige Antwort, die ich, was die Entwicklungen rund um Corona betrifft, am Ende dieses Buches geben kann. Und doch ...

Doch gibt es Dinge, die ich heute zu wissen glaube. Dinge, die sich verfestigt haben, in der Zeit seit dem Ostersonntag, an dem ich meinen Blog zu einem Ende kommen ließ. Dinge, sie sich danach, in der Zeit nach dem Blog, ergaben und die heute zu mir und meinem Leben gehören.

»Irgendwann werde ich diese Texte meiner Tochter zeigen«, das habe ich zu Beginn meines Corona-Tagebuchs geschrieben. Der Wunsch, ihr ein Dokument dieser Zeit zu hinterlassen, das ihr später Aufschluss über das prägende Frühjahr und die daraus folgenden Entwicklungen geben kann, hat mich von der ersten bis zur letzten Seite meines Tagebuchs begleitet. Deshalb scheint es mir logisch, dieses Buch mit einem Text zu beenden, der an meine Tochter gerichtet ist. Ich hoffte, dass sie antworten würde: »Das war also die Zeit, in der die Welt gesund geworden ist.« Für heute wünsche ich mir, dass sie weiß: Das war die Zeit, in der wir eine Art von Mut kennenlernten, der uns danach nie mehr verloren ging.

*Liebe Erika, mein Augenstern,
mein liebes kleines großes Kind,*

wer hätte gedacht, dass Chopin und Vivaldi eines Tages gemeinsam in ein Buch kommen würden? Ja, wer hätte gedacht, dass dieses Buch nicht nur von ihnen, sondern auch noch von Dir und mir handeln würde? Du siehst: Auch wenn die beiden schon gestorben sind und Dir unerreichbar scheinen, so haben wir doch, gemeinsam mit ihnen, ganz schön echte, aufregende Abenteuer erlebt, die nun sogar von anderen Menschen gelesen werden.

So ist das, hier, in dieser Welt. Vieles scheint in Stein gemeißelt zu sein. Und stellt sich doch, im Nachhinein, als etwas dar, bei dem wir mitreden und mitgestalten und dessen eherne Gesetze wir sogar verändern konnten. Gesetze, die von außen vorgegeben sind, sind nichts als Rahmen. Die Leinwand, die sich über die Rahmen spannt, bemalen wir selbst. Nach unserem Gesetz.

Es gab wohl, seit Du zur Welt gekommen bist, keine Zeit, in der wir die inneren Gesetze unseres Zusammenlebens, die Gesetze unserer Beziehung, die Gesetze unserer Grenzen, unserer Liebe und unserer Lebendigkeit so gewissenhaft erforschen und begreifen mussten als in den vier Wochen, die wir während des Corona-Lockdowns in unserem Landhaus verbrachten. Die erzwungene Klausur war Eremitage und Prüfung zugleich. Die Eremitage haben wir fürs Erste hinter uns. Die Prüfung haben wir, so meine ich, mehr als bestanden.

Nein, ich will uns hier keine Schulnoten geben. Wenn es nach mir geht, möchte ich Dich sowieso, am liebsten auf Lebenszeit, vor Noten verschonen. Mir selbst gebe ich grundsätzlich keine mehr, außer im Spaß. Was ich lieber mag, sind Lernzielkataloge. Sie zeigen am Ende einer Etappe, was es alles zu lernen gab. Häkchen am Rand geben an, was man bereits erfasst hat und nachhaltig anwenden kann.

Das Pensum, vor das wir in diesem Frühjahr gestellt wurden, war groß. Zu groß, um überall Häkchen zu sammeln. Groß genug, um täglich zu staunen: darüber, wie komplex es ist, das Leben – wenn man auf sich allein gestellt ist und sich nicht ablenken kann – zu einem guten, glücklichen Leben zu machen. Sogar, wenn man es, von außen gesehen, gut hat und tatsächlich keinen Mangel leidet.

Dass es kaum etwas gibt, das ich wirklich schon bestanden habe, merke ich daran, wie sehr ich mich derzeit vor einer neuerlichen Ausgangsbeschränkung oder gar Ausgangssperre fürchte. Ich kann nicht sagen, dass ich inzwischen weiß, wie es geht. Oder wie es gegangen wäre, was beim nächsten Mal vorab zu tun ist oder was es bräuchte, um dann nicht an meine Grenzen zu kommen. Und auch wenn ich es wüsste: Es wäre dann doch anders. Denn Du bist nicht mehr die, die Du im März dieses Jahres warst. Du bist gereift, gewachsen, wir hätten andere Themen, andere Konflikte auszutragen, wir spielten andere Spiele, wir sängen andere Lieder, wir bekämen keinen Mittagsschlaf mehr, dafür wäre Dein Trotz nicht mehr ganz so energisch wie noch vor einem halben Jahr.

Es bliebe uns nichts übrig, als uns erneut auf ein Abenteuer voller Herausforderungen einzulassen, die man nicht wirklich vorhersehen kann. Naiv in solch ein Abenteuer zu gehen, halte ich nicht für ganz verkehrt, wenn »naiv« bedeutet, sich Neuem ohne Erwartungen zu stellen, ohne den Glauben, dass man die Dinge voll und ganz im Griff haben wird. Ich bin gerne naiv, weil es für mich bedeutet: mit Freude zu lernen, nicht zu beharren und nichts beibehalten zu müssen, was sich nicht von selbst und täglich aufs Neue bewährt.

Trotzdem sind wir, Du, Dein Papa und ich, keine Corona-Neulinge mehr. Und wenn ich auch dafür plädiere, alles aus dem Rucksack zu schmeißen, wofür wir gerne schon jetzt gute Noten bekämen, so möchte ich doch nicht mit leerem Gepäck in die nächsten Wochen und Monate gehen, egal, was sie uns bringen werden. Denn es gibt einiges, was ich gerne beibehalten würde und was seit unseren Coronaferien im Frühling ohnehin nicht mehr aus unserem Leben und aus meiner Seele wegzudenken ist. Und vieles, wofür ich von Herzen dankbar bin.

Erstens ist da die Erfahrung, dass es, wenn Dinge sich ändern, erst einmal ruckeln darf. Dass die Wehen, die einer Veränderung folgen, noch nicht die echten, tiefen Schmerzen sind, die es wirklich zu heilen gilt. Langeweile, Aufbegehren, Überforderung, Stress gehören zum Übergang. Es hat keinen Sinn, sich gleich zu Beginn Gedanken zu machen, warum alles so schwierig ist. Es ist immer schwierig, etwas ändern zu müssen. Es darf schwierig sein. Haltungsnoten gibt es hier nicht.

Das zweite, was ich verstanden habe, ist, dass es eine Verbündete gibt, auf die immer Verlass ist, auch wenn wir nie begreifen werden, wie sie es anstellt, an uns zu wirken: die Zeit. Man sagt, sie heilt alle Wunden. Was mein bisheriges Leben angeht, empfinde ich das als wahr. Aber als ich in den Wochen dieses Frühlings Zeit hatte, die Zeit zu beobachten, habe ich noch andere Dinge bemerkt, die sie kann. Zum Beispiel: zaubern. Am liebsten über Nacht. Ich kann mich an keinen einzigen Morgen erinnern, an dem sich nicht irgendetwas verändert hatte. Immer war, während ich schlief, etwas geschehen. Fast immer etwas Gutes. Es hatte sich etwas sortiert, ich war, ohne nachzudenken, auf einen neuen Gedanken gekommen, ich hatte den Anlass vergessen, wegen dem es Streit gegeben hatte, ich fühlte plötzlich wieder Wärme zu einem Menschen, der mir am Vortag noch ganz fern gewesen war, ich konnte mir etwas vorstellen, das noch am Abend zuvor völlig unmöglich schien oder wusste endlich, was ich heute kochen könnte.

Nicht immer hat die Zeit nur Gutes serviert. Manchmal zog sie sich so fest zusammen, dass sie mich in sich zerquetschte, manchmal zerfloss sie und entzog mir den Halt, manchmal schlug sie ein wie der Blitz, manchmal bestand sie aus Feuer und Flammen. Aber immer, immer war sie bereit, sich wieder zu ändern. Nie blieb sie stehen. Kein Tag war gleich wie ein anderer, keine Stunde so wie die zuvor. Wenn es am schlimmsten war, konnte ich immer denken: Warte eine Stunde, nur eine Stunde. Dann ist es schon wieder anders. Nicht immer besser. Aber anders. So viel schlechter, dass etwas klarer wurde. Anders schlecht, so dass das Problem von vorhin unwichtiger schien. Besser, weil das Wetter sich verändert hatte. Besser, weil wir gegessen hatten.

Der Tag, an dem Dein Großonkel starb, hat mir noch etwas über die Zeit beigebracht. Etwas, das ich Dir eigentlich nicht sagen sollte, weil Du es, wenn es von außen kommt, fast nur belächeln kannst. Es klingt banal – und so logisch, dass man nur dazu nicken kann. Und gerade deshalb nicht wirklich hinhört. Du wirst es selbst, auf Deine Weise, begreifen müssen. Ich, für mich, habe es am 30. März 2020 endlich verstanden: dass die Zeit etwas Kostbares ist. Dass jede Stunde, jede Minute einzigartig ist und niemals danach wiederkommen wird. Und dass das Leben aus nichts als aus diesen Minuten besteht, die wir, eine nach der anderen, erleben, erfahren und auskosten dürfen.

Als wir am nächsten Tag meinen Geburtstag feierten, fühlte ich mich so, als würde ich in ein neues Leben hineingeboren. In ein Leben, das Minuten schenkt – und in jede Minute eine Kostbarkeit (ein)packt/einwickelt. Die Kostbarkeit, mit meinem Kind zu spielen. Die Kostbarkeit, Langeweile zu spüren. Die Kostbarkeit, unter Bewegungsmangel zu leiden. Die Kostbarkeit, einen ersten Schritt vor die Tür zu machen, nachdem man zwei Wochen zu Hause war.

Müssten wir morgen unsere Taschen packen und wieder ins Exil ziehen, wäre mein erster Gedanke nicht mehr: Wie lang wird es dauern und wann ist es vorbei? Sondern dieser: Wow. Einfach nur Wow.

Und als ich Dich gestern vom Kindergarten abholte, ganz normal, zur vereinbarten Zeit, als wir später im Zoo die Giraffen bestaunten, als Du danach in die Pfütze fielst und ich Dich halbnackt nach Hause schleppen musste, als Du wütend warst, weil Du Pommes wolltest statt Suppe, als Du immer noch wach warst, obwohl längst Schlafenszeit war und als ich heute Nacht Deinen Atem spürte, da habe ich es auch gedacht. Wow. Mehr gibt es über diese Minuten, die das Leben schenkt, eigentlich nicht zu sagen.

Wow zu den Dingen, für die ich dankbar sein darf. Die Musik von Vivaldi, die ich durch Dich zu lieben begann. Der gefüllte Vorratsschrank, der besser bestückt ist als früher und aus dessen Inhalt ich neuerdings immer etwas Leckeres zaubern kann. Meine Fähigkeit, Nein zu sagen, bevor es verzweifelt klingt. Die Stimme von Chopin, die inzwischen genauso klingt wie meine, ohne künstlichen, empathischen Ton. Die Freude darüber, meine Freundin wieder umarmen zu dürfen und den Hauch von Räucherduft an ihrem Kleid zu riechen. Das Gefühl geschenkter Freiheit, jedes Mal, wenn wir, Du und ich, zum Sandkasten oder ins Freibad marschieren. Die Tatsache, dass ich seit Mitte März Yoga mache. Die Tatsache, dass ich viel öfter Kleider trage und keine Hosen mehr, die mich beengen. Die Verbundenheit, die sich zwischen uns Müttern Deiner Kindergartengruppe eingestellt hat. Das Wissen, dass meine Eltern, Deine Großeltern, besonnen bleiben und weder in Panik verfallen noch Scheuklappen aufsetzen, wenn unfassbare Dinge geschehen.

Wow auch zu den Entscheidungen, die fallen mussten und die wesentliche Weichen stellten. Ich habe die berufliche Umstellung, die ich seit drei Jahren geplant hatte, im Schnelllauf durchgezogen. Ich habe endlich angefangen, mich ernsthaft um meinen Körper zu kümmern und eine TCM-Behandlung begonnen. Ich nehme mir neuerdings einen Tag pro Woche ganz frei, alleine, ohne Arbeit, sogar ohne Dich.

Zuletzt auch ein Wow zu dem, was vielleicht noch kommt. Egal, wie gewaltig es ist. Ob es Armut heißt oder Reduktion, Angst oder Staunen, Umbruch oder Wandel, Spaltung oder Herzmuskeltraining. Was auch immer uns erwartet: es wird aus Minuten bestehen, die es, jede für sich, zu bewältigen gilt.

Dass wir das können, das verspreche ich Dir. Dass wir dabei nicht immer lachen müssen, das gestehe ich uns zu. Dass wir irgendwann zurückschauen und mehr begreifen werden als jetzt, damit rechne ich fix.

Inzwischen, so lange das Leben so tut, als wäre es normal, lass uns genießen, was geht. Lass uns Eis essen gehen und Freunde besuchen, lass uns tun, was gesund ist, ohne uns zu verkrampfen, lass uns freiwillig verzichten auf das, was ohnehin nur Ballast mit sich bringt, lass uns erkunden, was vor unserer Nase liegt und von Fernreisen träumen, die spannend, aber nicht notwendig sind.

Die spannendste Reise, auf die wir uns machen können, ist die in den morgigen Tag. Die Tasche, die ich dafür immer bei mir habe, ist mit Neugier, Achtsamkeit, Phantasie, Milde, mit warmen Socken, weiten Kleidern, Laufschuhen und Buntstiften gefüllt/bepackt. Dieses Gepäck wird uns begleiten, ich gebe Dir davon ab, was immer Du brauchst.

Auf die nächsten Minuten, Tage, Jahre und das Leben, danke für die Zeit, die ich mit Dir verbringen darf.

Deine Mama.

Über die Autorin

Barbara Pachl-Eberhart ist Autorin, Kolumnistin, Vortragende und Referentin für biographisch-literarisches Schreiben. Ihr eigener schriftstellerischer Werdegang begann im Jahr 2008, als sie den Tod ihres Mannes und ihrer beiden Kinder aus erster Ehe literarisch verarbeitete. In ihrem Spiegel-Bestseller »Vier minus drei: Wie ich nach dem Tod meiner Familie zu einem neuen Leben fand« schildert sie ihren von Liebe und Lebensbejahung geprägten Umgang mit Trauer und Verlust.

Schreiben ist heilsam: in Zeiten der Krise, aber auch da, wo man sich selbst besser kennenlernen, Lebenskraft tanken, Dankbarkeit finden oder das Leben feiern und würdigen will. Barbara Pachl-Eberhart verbindet die Prinzipien des therapeutischen und des literarischen Schreibens in ihren eigenen Werken, aber auch in der Arbeit mit Menschen, die den Schritt in ihr eigenes Schreib-Leben wagen und das Schreiben nutzen wollen, um sich kraftvoll und lebendig zu fühlen.

2017 erschien ihr Schreibratgeber »Federleicht – Die kreative Schreibwerkstatt: Wie die Kraft Ihrer Worte zur Lebenskraft wird«. Weitere Bücher der Autorin: »Warum gerade du?: Persönliche Antworten auf die großen Fragen der Trauer« (2014) und »Wunder warten gleich ums Eck: Entdecke die kleinen Dinge, die den Alltag verzaubern« (2018).

Mehr über die Werke, Kurse, Vorträge und Coachings von Barbara Pachl-Eberhart finden Sie auf ihrer Homepage

www.mein-lieblingsleben.at und auf
www.barbara-pachl-eberhart.at

Barbara Pachl-Eberhart
Federleicht – Die kreative
Schreibwerkstatt
Wie die Kraft Ihrer Worte
zur Lebenskraft wird

Integral Verlag
384 Seiten
19,99 € [D] | 20,60 € [A]
ISBN 978-3-7787-9279-7